Селькупские сказки

셀쿠프인 이야기

<지식을만드는지식 소설선집>은

인류의 유산으로 남을 만한 작품만을 선정합니다.

오랜 시간 그 작품을 연구한 전문가가

정확한 번역, 전문적인 해설, 풍부한 작가 소개, 친절한 주석을

제공하는 고급 소설 선집입니다.

지식을만드는지식 소설선집

시베리아 설화집

Селькупские сказки

셀쿠프인 이야기

작자 미상

이경희 옮김

대한민국, 서울, 지식을만드는지식, 2017

편집자 일러두기

- 이 책은 ≪셀쿠프인의 가정(Семья у селькупов(19-20в.)≫(Гемуев И. Н., Нобосибирск, 1984), ≪셀쿠프족의 유래(Происхождение селькупов)≫(Пелих Г. И., Томск, 1972), ≪케트 민담집(Кетские сказки)≫(Дульзон А. П., Томск, 1966)을 원전으로 삼아 옮긴이가 가려 뽑아 번역했습니다.
- 주석은 모두 옮긴이가 단 것입니다.
- 외래어 표기는 현행 한글어문규정의 외래어표기법을 따랐습니다.

차 례

셀쿠프인 이야기

이테

이테가 여동생과 함께 살고 있었다. 어느 날 여동생이 병이 났다. 그러나 진짜 병이 난 것은 아니었다. 퓨네구세[1)]가 이테를 죽이려고 이테의 여동생을 유혹한 것이었다. 퓨네구세가 이테의 여동생에게 이렇게 말했다.

"병이 난 척해서 이테로 하여금 동굴로 가게 해. 동굴에 거대한 곰이 사는데 그 곰은 아무도 살려서 돌려보내지 않아. 네가 이테에게 이렇게 말해. 곰의 머리에 연고 같은 것이 있는데 3년 전에 죽은 사람에게 그 연고를 발라 주면 다시 살아난다고. 이테가 동굴로 가면 돌아오지 못할 거야. 곰은 동굴에 들어온 사람은 아무도 살려서 내보내지 않으니까. 만일 이테가 살아서 나오면 그 동굴에서 조금 더 가면 퓰단 파미트란 동굴이 있으니 거기로 가라고 해. 거기 눈이 하나뿐인 거인 옥사이가 있는데 그의 머리에도 연고 같은 것이 있다고 말해. 그 거인 역시 동굴에 들어오는 사람은 아무도 살려서 내보내지 않아."

이테가 낚시에서 돌아와 보니 여동생이 앓고 있었다. 여

---

1) 신화 속에 나오는 사람을 잡아먹는 괴물.

동생은 괴물이 시킨 대로 말했다.

"저기 동굴에 사는 곰에게 가 봐. 만일 곰이 주는 연고를 발라 주면 3년 전에 죽은 사람이 살아난대. 연고를 가져와. 만일 곰이 연고를 주지 않으면 그 동굴에서 나와 계속해서 더 걸어가. 그러면 다른 동굴이 나올 거야. 거기 옥사이란 괴물이 살아. 그에게도 역시 연고가 있어. 만일 오빠가 그 연고를 가져오면 난 살아날 것이고 그렇지 않으면 난 죽을 거야."

이테는 바로 출발했다. 오랫동안 걸어 마침내 곰이 사는 동굴에 도착했다. 동굴에 다가가자 곰은 바로 이테를 향해 돌진했다. 이테는 곰을 때리고 잡아 끌었다. 그러나 곰을 죽이지는 않았다. 곰은 이테에게 용서를 구하고 그를 동굴로 들였다. 곰이 이테에게 말했다.

"집에서 무슨 일이 있었는지 모르지? 퓨네구세가 네 여동생에게 드나들었어. 그들은 내가 너를 잡아먹기를 바라. 그래서 너를 여기 오게 한 거야. 사실 나에게는 3년 전에 죽은 사람에게 발라 주면 살아나게 만드는 연고가 있어. 그러나 나는 그 연고를 네게 주지 않을 거야. 대신 이 광주리를 줄게."

곰은 광주리에 자신의 아들을 담아 이테에게 주었다. 곰은 계속해서 말했다.

"나에게 굴레가 있어. 내 위에 올라타면 내가 너를 거기까지 데려다 줄게. 동굴에 도착하면 눈이 하나뿐인 옥사이가 우리에게 달려들 거야. 그때 '내가 입을 열면 이 굴레가 네 목에 채워질 거다'라고 말해. 그때 내가 몸을 돌릴 테니까 너는 내 등에 잘 앉아 있어."

그들은 동굴에 도착했다. 옥사이가 소리를 지르며 그들에게 달려들었다. 곰이 옥사이를 피하자 이테가 소리쳤다.

"내가 입을 열면 이 굴레가 네 목에 채워질 거다."

이테가 소리를 지르자마자 굴레가 스스로 거인의 목에 채워졌다. 곰이 거인을 끌고 왔다. 거인이 간청을 했다.

"이테! 제발 죽이지 마. 동굴에 같이 가자."

이테는 좋다고 하고 동굴로 갔다. 거인이 말했다.

"너를 죽이려고 네 여동생이 너를 이리로 보낸 거야. 퓨네구세가 가서 여동생을 유혹해서 여동생이 아픈 척한 거야. 나도 너에게 광주리를 줄게. 네가 아주 힘들어지면 열어. 물론 연고를 줄 수도 있지만 주지 않을 거야. 집에 가서 여동생을 따끔하게 혼내 줘. 여동생이 속여서 너를 사지에 보낸 거야."

이테는 집으로 돌아왔다. 광주리는 열지 않았다. 여동생은 계속 뒹굴고 있었다. 여동생이 말했다.

"내가 부탁한 거 가져왔어?"

"네가 나를 사지로 보냈지만 나는 이렇게 살아왔어."

이테는 오자마자 다시 물고기를 잡으러 갔다. 그는 여동생을 죽이지 않았다. 이테가 낚시를 하러 가자마자 퓨네구세가 다시 여동생에게 와서 말했다.

"이테가 살아서 돌아왔으니 그를 일곱 개의 방이 있는 동굴로 다시 보내. 돌문들이 열려 있지만 밑에 있는 돌문들은 닫혀 있어. 그 돌들로 누르면 돌아오지 못할 거야."

이테는 다시 그 동굴로 갔다. 동굴은 동굴의 왕이 있는 곳이었다. 그에게도 역시 연고가 있었다. 이테는 오랫동안 걸었다. 가다가 곰이 그에게 준 광주리에 뭐가 있는지 궁금해서 열어 보기로 결심했다. 어려움이 닥치기 전까지 절대로 열지 말라고 했지만 이테는 광주리를 열었다. 그 안에 젊은 남자가 있었다. 이테는 두 번째 광주리도 열기로 결심했다. 두 번째 광주리를 열었다. 처녀가 앉아 있었다. 처녀가 말했다.

"이테! 아버지가 당신과 결혼하라고 저를 보냈어요."

세 사람은 걸어갔다. 바위와 문이 있었다. 이테가 다가가서 말했다.

"어떤 마귀가 거기 있는지 모르겠지만 문을 열어 줘."

문이 열렸다. 아무도 없었다. 두 번째 문으로 다가갔다. 거기서도 아까처럼 말하자 문이 열렸다. 돌들이 위로 올라갔다. 앞으로 계속 걸어갔다. 아무도 보이지 않았다. 세 번째 문으로 다가갔다. 세 번째 문도 열렸다. 네 번째 문도 통과했다. 아무도 없었다. 다섯 번째와 여섯 번째 문을 통과했다. 이테는 일곱 번째 문으로 다가가서 말했다.

"어떤 마귀가 거기 있는지 모르겠지만 문을 열어."

일곱 번째 문이 위로 올라가서 이테 일행이 통과했다. 그런데 바위가 그들을 눌렀다. 이테는 가까스로 밖으로 기어나왔다. 그러나 처녀와 청년을 잃어버렸다. 이테는 엉금엉금 기어서 집으로 갔다. 집은 잡초로 뒤덮여 있었다. 여동생은 이테가 돌아오지 않을 거라고 생각하고 퓨네구세에게 가버렸다. 이테는 휴식을 취했다. 원기가 조금씩 회복됐다. 이테는 여동생이 괴물에게 가 버린 것이 속상해 속이 부글부글 끓었다.

이테가 여동생을 찾아가자 여동생은 화를 냈다. 퓨네구세가 여동생에게 큰 솥을 가져와서 물을 데우라고 명령했다. 여동생이 이테에게 말했다.

"불 옆에서 옷과 신발을 벗어. 우리가 네 내장을 꺼낼 거야."

이테는 여울 옆에서 묶여 있는 끈을 풀기 시작했다. 작은 새 한 마리가 가지에 앉아 노래했다.

"이테! 끈을 서둘러 풀지 마세요. 처녀와 청년이 동굴에서 나왔어요. 이리 오고 있어요."

이테는 한쪽 끈을 풀었다. 여동생이 서두르라고 말했다. 이테는 다른 끈도 풀기 시작했다. 새가 다시 노래했다.

"끈을 서둘러 풀지 마세요. 그들이 곧 올 거예요."

갑자기 광주리에 들어 있던 청년이 앞에서 뛰어왔다. 처녀가 그 뒤를 따랐다. 이테에게 예전의 힘이 생겼다. 이테는 청년과 처녀를 처음 보았을 때처럼 강하고 활기가 넘쳤다. 청년과 처녀 역시 평범하지 않았다. 처녀가 다가오자 이테가 서둘러 말했다.

"집으로 갑시다. 여기에선 할 일이 아무것도 없소."

집으로 돌아오자 처녀는 이테에게 연고를 발라 주었다. 처녀는 이테가 예전의 힘을 회복할 수 있도록 세심하게 치료했다. 얼마의 세월이 흘렀다. 이테가 다시 물고기를 잡으러 가려고 했다. 이테의 아내가 말했다.

"청년과 함께 가는 게 좋겠어요."

"아니오. 혼자 가겠소."

아내는 하루 종일 이테를 기다리다 그를 찾아 나섰다. 그러나 찾을 수가 없었다. 이테의 여동생과 괴물이 이테를 잡아먹은 후 그의 뼈를 개털 요 밑에 넣어 두었다. 그것을 모르는 아내는 쥐들에게 부탁했다.

"이테를 찾아라. 뼈라도 찾아."

쥐들이 개털 요 밑에서 이테의 뼈를 찾았다. 아내는 그 뼈를 모아서 집으로 가져갔다. 그러고는 원래대로 늘어놓았다. 거기에다 연고를 발랐다. 그러자 뼈들이 붙어 인간이 되었다. 그러나 아직 죽은 상태였다. 다시 연고를 발랐다. 이테가 살아났다. 또 연고를 발랐다. 그러자 이테는 완전히 예전의 그로 돌아갔다. 아내가 말했다.

"이제 거기 가지 마세요. 그들에게 우리 힘을 다 써 버렸어요."

얼마의 세월이 흘렀다. 이테는 다시 물고기를 잡는다며 나갔다. 그러나 괴물이 있는 곳으로 싸우러 가서는 괴물을 붙잡았다. 여동생은 괴물이 발을 디딘 곳에는 재를 뿌렸고 이테가 발을 디딘 곳에는 얼음 조각을 뿌렸다. 괴물은 이테를 넘어뜨린 후 솥에 넣었다. 이테를 잡아먹은 후 뼈를 강에 던졌다. 강 하류에는 괴물이 세워 놓은 어구가 있었고 상류에는 이테가 세워 놓은 어구가 있었다. 이테의 아내가 다시 괴물이 있는 곳에 갔다. 곰의 아들과 함께 이테를 찾아 다녔다. 이테의 아내는 짐승들과 새들에게 어디에서도 찾을 수 없으니 이테를 찾아 달라고 부탁했다. 그리고 이테의 아내는 집으로 돌아갔다. 농어와 대구가 강에서 헤엄을 치고 있었다. 대구가 농어에게 말했다.

"여기 이테의 뼈가 있으니 다 모아."

농어가 말했다.

"아니야. 나는 멍청하니까 여기 괴물의 어구에 남아 있을래. 네가 모으는 것이 더 나아. 너는 꾀가 많으니까."

대구가 이테의 뼈를 모았다. 농어는 괴물의 어구에 남아 있었다. 대구가 어구를 잡아당긴 다음 몸을 비틀다가 빠져나갔다. 대구는 강을 막아서 괴물이 세운 어구로 기어들어가서 꼬리로 어구를 망가뜨렸다. 그런 다음 이테의 어구로 기어 들어갔다.

집에서는 이테의 아내가 곰의 아들에게 말했다.

"아버지가 세워 둔 어구를 보고 왔으면 좋겠다. 빨리 뛰어가서 보고 오렴."

청년이 어구를 끌어 올렸더니 그 안에 대구 한 마리가 있었다. 청년은 대구를 꺼내 집으로 가지고 왔다. 이테의 아내가 대구의 배를 가르니 이테의 뼈가 쏟아져 나왔다. 아내는 먼저 대구를 치료해 준 다음 강으로 가서 대구가 잡히지 않도록 강에 놓아주었다. 그리고 다시 이테의 뼈를 모은 다음 치료해 주었다. 그러나 이테는 다 낫기는 했지만 예전 같지 않고 힘이 약했다. 대구의 배 속에서 뼈가 상했기 때문이다. 아내는 이테에게 벌을 주었다.

"앞으로 절대 거기 가지 마세요."

이테는 또 물고기를 잡으러 가서 집에 돌아오지 않았다.

청년은 불길한 일이 생긴 것을 직감하고 이테의 아내에게 가 보자고 말했다. 그들은 강에 도착해서 괴물과 싸웠다. 그들은 괴물과 이테의 여동생을 매달았다. 강 뒤에 전나무 두 그루가 있었다. 하나는 서쪽에 있었고 다른 하나는 동쪽에 있었다. 이테의 여동생은 동쪽에 있는 나무에 매달았고 괴물은 서쪽에 있는 나무에 매달았다. 서풍이 불면 괴물이 손을 뻗었다. 그러나 괴물의 손은 이테의 여동생에게 닿지 않았다. 동풍이 불면 여동생이 손을 뻗었다. 그러나 역시 괴물에게 닿지 않았다.

개와 털가죽

개는 예전에 주인과 함께 먹고 주인과 함께 살았다. 어느 날 귀신이 왔다. 개가 짖기 시작했다. 주인이 귀신을 죽였다. 다른 귀신이 개에게 말했다.

"너는 항상 짖으니 추운 거야. 내가 너에게 내 털가죽을 줄게."

귀신은 개가 짖지 않는 조건으로 자신의 털가죽을 주었다. 그러자 신이 화를 내며 개에게 저주를 내렸다.

"이제부터 너는 인간이 버린 것을 먹어라."

예전에 개에게는 인간에게 발톱이 있듯이 매끈한 피부가 있었다. 귀신이 개에게 벌을 내린 것이었다. 귀신이 피부를 어떻게 하면 바꿀 수 있는지 개에게 말했다.

"내가 사람에게 와서 심지어 네 주인을 잡아먹으려고 해도 앞으로는 절대 짖지 마."

개가 그렇게 하겠다고 말했다. 그때부터 언제 귀신이 올지 사람들은 모르게 되었다.

인간이 생기게 된 유래

옛날에 하늘에 두 용사가 있었다. 그들은 땅으로 내려왔다. 한 여자에게 눈길이 갔다. 한 용사가 그녀와 결혼했다. 결혼 후 그들은 여기저기 다니며 유목 생활을 했고 사냥을 했다. 우리는 그들에게서 유래했다.

하늘에 사는 두 용사는 아래에 있는 퉁구스의 곳이 마음에 들었다. 두 용사는 거기에 자작나무로 집을 지었다. 그리고 한 외로운 여자를 발견했다. 그녀의 남편은 사냥을 가서 아직 돌아오지 않고 있었다. 형이 아우에게 말했다.

"네가 저 여인과 결혼해. 나는 숲으로 갈게."

형이 숲에서 돌아왔으나 아무것도 사냥을 해 오지 못했다. 아우와 여인은 거기를 떠났다. 그때부터 아이들이 태어났다.

형은 퉁구스 여인을 아내로 맞아 퉁구스 생활을 시작했다. 그들에게서 아들과 딸이 태어났다. 그들로부터 인간이 유래했다.

이차와 귀신

이차가 할머니와 함께 살았다. 어느 날 이차는 호수에 갔고 할머니가 혼자 남게 되었다. 이차는 집에서 나와 강으로 갔다. 통나무배를 타고 강 상류를 따라갔다. 그다지 오래 가지 않았는데 물 위에 오리들이 앉아 있는 것이 보였다. 이차는 활을 팽팽히 당겨 조준한 다음 오리를 향해 화살을 쏘았다. 화살은 빗나갔고 오리들은 날아갔다. 자신이 쏜 화살이 아까웠던 이차는 강가로 가서 화살을 찾기 시작했다. 화살은 거기 있었다. 이차는 흙덩이에 꽂힌 화살을 당겼다. 그런데 이게 웬일인가? 누군가가 화살을 잡고 있는 것처럼 나오지를 않았다. 그는 짜증을 내며 큰 소리로 말했다.

"누가 내 화살을 붙잡고 있는 거야?"

갑자기 그가 한 말이 메아리가 되어 들렸다.

"누가 내 화살을 붙잡고 있는 거야?"

이차가 소리쳤다.

"이 쓸모없는 귀신아. 내 화살을 놓아!"

또다시 메아리가 들렸다.

"이 쓸모없는 귀신아! 내 화살을 놓아!"

이차는 화가 나서 주먹으로 흙덩이를 쳤다. 무언가가 주먹을 잡았다.

"에이! 이 쓸모없는 귀신아! 내 주먹을 놓아줘!"

메아리가 울렸다.

"에이! 이 쓸모없는 귀신아! 내 주먹을 놓아줘!"

이차는 다른 주먹으로 흙덩이를 때렸다. 그 주먹을 또 누군가가 잡았다. 이차는 너무 화가 나서 발로 찼다. 누군가 발을 잡았다. 어쩌지? 이차는 이마로 흙덩이를 때렸다. 이마가 붙어 버렸다. 이차가 소리를 질렀다.

"이 쓰레기 더미 귀신아! 내 이마를 놔줘!"

또 메아리가 들렸다.

"이 쓰레기 더미 귀신아! 내 이마를 놔줘!"

이차는 누웠다. 움직일 수조차 없었다. 어쩌지? 그때 갑자기 할아버지 귀신이 모습을 보였다. 걸어오면서 깔깔거렸다.

"하! 하! 하! 내 장한 올가미! 이렇게 귀여운 어린것을 잡다니! 정말 내가 이렇게 어리고 귀여운 새를 잡았단 말이야? 하! 하!"

귀신은 이차에게 다가가서 그를 어깨에 둘러메고 집으로 데려갔다. 집에 와서 딸들에게 보여 주었다.

"애들아! 솥을 가져와 물을 부어 불에 올려놓아라! 내가 어떤 어린것을 잡아 왔는지 와서 보렴!"

이차는 귀신이 자기를 물에 넣고 끓이려 한다는 것을 직감했다. 이차가 귀신에게 말했다.

"할아버지! 무슨 말씀이세요? 과연 제가 저렇게 작은 솥에 다 들어갈 수 있겠어요? 만일 저를 저 솥에 넣고 끓이면 제 지방의 절반이 솥 밖으로 흘러넘칠 거예요."

"하! 하! 네놈 말이 맞긴 하네."

귀신이 딸들에게 말했다.

"그래. 내일까지 기다리자! 내일 내가 큰 솥을 가지고 올 때까지 기다려!"

다음 날 아침 귀신은 큰 솥을 가지러 갔다. 이차는 딸들과 함께 남게 되었다. 딸들은 침대의 휘장 안에 앉아 있었다. 귀신은 딸들에게 이차와 절대 놀이를 하지 말라고 명령했다. 낮이 되자 이차가 딸들에게 말했다.

"너희들에게 내가 무늬가 있는 예쁜 숟가락을 만들어 주면 어떨까? 만들어 줄까?"

딸들이 소리치기 시작했다.

"그래. 그래. 이차! 어디 만들어 봐!"

이차는 도끼를 들고 밖으로 나갔다. 나무로 다가가서 도끼로 내리쳤다. 다시 다른 나무로 가서 또 내리쳤다. 마치 숟가락을 만드는 것처럼. 그리고 귀신의 딸들을 불렀다.

"애들아! 예쁜 숟가락을 만들고 있어. 애들아! 마당에 나와서 직접 봐!"

귀신의 딸들은 호기심이 생겼다. 큰딸이 참지 못하고 이차가 있는 마당으로 나갔다. 어떤 숟가락을 만들었을까? 이차는 큰딸을 도끼로 내리쳤다. 그리고 침대로 가서 작은딸도 죽였다. 이차는 솥을 가지고 와서 물을 부은 다음 불에 얹었다. 귀신의 딸들을 끓이기 시작했다. 끓인 국을 귀신이 보라고 마당에 놓았다.

이차는 숲으로 가서 까치 두 마리를 잡아 휘장 안에 풀어놓았다. 까치들은 휘장 안에서 마치 귀신의 딸들이 재잘거리는 것처럼 지저귀었다. 이차는 귀신의 가죽 장화를 가져다 재를 채워 허리띠에 묶었다. 허리춤에 도끼를 꽂고 귀신 집 맞은편에 있는 가장 큰 낙엽송으로 올라갔다. 낙엽송 위에 올라가서 몸을 숨기고 앉아서 가만히 기다렸다.

얼마 후 귀신이 집에 거의 다 와서는 국이 담긴 솥으로 다가가 솥을 붙잡고 중얼거렸다.

"음! 음! 무슨 맛있는 냄새지? 가져가야지!"

귀신은 큰 솥을 집 안에 내려놓았다. 휘장 안에서 딸들이 재잘거리는 소리가 들렸다. 귀신이 딸들에게 소리쳤다.

"너희들 이차와 무슨 놀이를 하는 거니? 이제 이차의 기름이 땅으로 흘러넘치지 않을 거야! 큰 솥을 가져왔어!"

그런데 딸들이 나오지 않았다. 휘장 안에서는 즐겁게 떠드는 소리가 들렸다. 화가 난 귀신은 다가가 휘장을 올렸다. 그제야 귀신은 이차가 딸들을 죽인 것을 알아차렸다. 귀신은 울부짖으며 쓰러졌다. 울면서 땅에 있는 모래알을 세며 이차가 혹시 땅으로 떨어진 것은 아닌지 살폈다. 아무것도 보이지 않았다. 귀신은 이차가 혹시 하늘로 올라간 것은 아닌지 보려고 뒤돌아 누워 별을 셌다. 아무것도 없었다. 귀신은 나무를 세었다. 이차는 어디로 간 것인가? 어디에도 이차는 없었다. 이차는 어디로 사라진 것일까? 갑자기 귀신의 눈에 이차가 낙엽송 위에 앉아 있는 것이 보였다. 집 근처 낙엽송 위에 앉아 있었다. 귀신은 화가 나서 도끼를 들고 그 낙엽송을 내리찍기 시작했다. 계속해서 찍고 또 찍었다. 곰 한 마리가 숲으로 달아나다가 귀신을 보고 말했다.

"할아버지! 피곤하시겠어요. 좀 쉬세요. 제가 대신 찍을게요!"

"그래 듣던 중 반가운 소리다!"

귀신은 도끼를 곰에게 내어 주고 자신은 좀 누웠다. 곰은 한 번, 두 번 나무를 찍더니 도끼를 들고 달아나 버렸다. 어떻게 따라잡겠나! 곰은 달아났다. 귀신은 다른 도끼를 가져와서 나무를 찍어 댔다. 숲에서 오소리가 뛰어왔다.

"할아버지! 쉬세요. 피곤해 보이세요. 주세요. 제가 도와드릴게요!"

"그래. 도와줘!"

귀신은 도끼를 오소리에게 건네주고 누웠다. 오소리는 한 번, 두 번 도끼질을 하더니 달아났다. 귀신은 벌떡 일어나서 오소리 뒤를 쫓았다. 어디에 있는지! 어떻게 따라잡겠나! 달아나 버렸다. 이제 어떡하나! 귀신에게는 남은 도끼가 없었다. 귀신은 앉아서 생각했다. 갑자기 생각나는 것이 있었다.

"작년에 내가 마을 전체를 삼켰었지. 맞아. 거기에 도끼도 있었어!"

귀신은 트림을 하기 시작했다. 자루 없는 도끼가 게워져 나왔다. 재빨리 자루를 만들어 도끼에 얹은 다음 이차가 앉아 있는 낙엽송을 찍기 시작했다. 찍고 또 찍었다. 숲에서 여우가 뛰어 나왔다.

"할아버지! 피곤해 보이세요. 주세요. 제가 도울게요!"

"그래. 도와줘. 난 좀 누워야겠어!"

귀신은 도끼를 여우에게 넘겨주고 누워서 눈을 감았다. 여우는 두어 번 도끼질을 하다가 도끼를 가지고 달아났다. 귀신은 벌떡 일어나 여우 뒤를 쫓았다. 귀신이 여우를 설득했다.

"도끼를 돌려 다오. 도끼를 돌려 다오!"

어떻게 여우를 따라잡겠나! 여우는 사라져 버렸다. 갑자기 이차의 말소리가 들렸다.

"할아버지! 얼마나 마음이 상하셨어요! 이렇게 하는 것이 좋겠어요. 할아버지가 이 낙엽송 아래에 누워서 입을 크게 벌리고 눈을 크게 뜨고 있으면 제가 바로 할아버지 입속으로 뛰어내릴게요!"

"맞아. 그렇게 하면 좋겠다!"

귀신은 낙엽송 아래 누워 눈과 입을 더 넓게 하려고 젓가락으로 벌렸다. 이차가 아래로 내려갔다.

"이게 뭐야? 내 눈에 티끌이 들어갔나?"

"참으세요! 할아버지! 제가 점점 아래로 내려가고 있어요. 나무에서 벗겨진 껍질이에요!"

이차는 더 아래로 내려갔다. 허리춤에 묶은 재가 든 장화를 들고 내려가다가 재를 귀신의 눈에 뿌렸다. 귀신은 발을 구를 뿐이었다. 이차는 서둘러 내려갔다. 귀신을 도끼로 때린 후 큰 모닥불을 피워 귀신을 태웠다.

"노인 귀신아! 너는 더 이상 사람들을 잡아다 죽이지 못할 거고 네 딸들을 더 이상 배불리 먹이지 못할 거다!"

귀신이 불탈 때 모닥불에서 큰 불길이 하늘로 타올랐다. 불길은 공중에서 꺼지더니 모기로 변했다. 바로 그렇게 아주 먼 옛날 이차가 노인 귀신을 태운 불길 속에서 모기가 태어났다.

이차

이차가 할머니와 단둘이 살았다. 다른 쪽 강가에는 코르세 노인이 살았다. 그는 마을의 영주였다. 코르세 노인은 인색하고 호기심이 많았다. 영주는 백성들이 무엇을 사냥하는지, 값진 가죽을 많이 가지고 있는지, 야생 사슴을 얼마나 사냥하는지, 숨기는 물건은 없는지 하인들을 풀어서 살피게 했다.

어느 날 이차는 자신이 키우는 개의 목에 담비 가죽을 묶어 거리에 풀어 놓았다. 영주의 하인들이 이차네 집에 왔다. 집 안에 들어와서 둘러보았다. 그때 갑자기 누군가 문을 긁기 시작했다. 이차가 할머니에게 말했다.

"개가 돌아왔어요. 문을 열어 주세요!"

이차가 하인들에게 말했다.

"제가 개를 7일 전에 숲으로 보냈거든요. 무엇을 물어 왔나 볼까요?"

할머니가 개를 집 안으로 들였다. 하인들은 개의 목에 담비 가죽이 있는 것을 보았다. 이차가 말했다.

"아이고! 착하기도 해라. 좋은 가죽을 가져왔네!"

하인들은 자리에서 벌떡 일어나 코르세에게 이차의 개

에 대해 이야기하려고 달려갔다.

"영주님! 이차에게 어떤 개가 있는지 아세요? 7일 전에 개를 숲에 보냈는데 그 개가 담비 가죽을 가져왔어요."

영주가 말했다.

"당장 가서 내가 그 개를 사고 싶어 한다고 말해라!"

하인들은 이차에게 가서 영주의 말을 전했다. 이차가 대답했다.

"맞아요. 영리한 개죠. 말 한 마리를 주면 팔게요. 한 가지 명심하세요. 개를 망치지 마세요!"

하인들은 개를 영주에게 데려다주고 이차에게는 말을 가져다주었다. 이차는 하인들이 돌아가자마자 말을 죽여 그 창자를 꺼냈다. 죽은 말의 피로 창자를 채우고 할머니 몸통을 창자로 감았다. 그리고 그 위에 할머니는 겉옷을 입었다.

하인들이 이차에게 와서 말했다.

"이차! 영주님이 화가 나셨어. 네 개는 사냥하러 가지 않아. 숲으로 가려고 하지 않고 마당을 뛰어다니기만 해."

이차가 벌떡 일어나 소리쳤다.

"개를 망쳤군요. 제가 말했잖아요. 망치지 않게 조심하라고."

그리고 할머니에게 돌아서서 말했다.

"개를 팔고 싶지 않다고 했잖아요. 할머니가 영주에게 주더니만! 이제 할머니를 죽일 거예요!"

이차는 할머니를 칼로 찔렀다. 피가 흘렀고 할머니는 죽은 것 같았다. 이차는 털썩 주저앉았다. 가만히 앉아 있었다. 계속 앉아서 생각에 잠겼다. 갑자기 울며 말했다.

"내가 무슨 짓을 저지른 거야! 내가 말을 받고 개를 주고 나서는 할머니를 죽이다니!"

이차는 칼을 들어 오른쪽 무릎 옆 땅에 박았다. 그리고 칼에 대고 말했다.

"네가 할머니를 죽였어. 할머니를 살려 내!"

이차가 그렇게 말하자 할머니의 손가락이 움직이기 시작했다. 조금 후에 팔이 움직였다. 할머니는 눈을 떴다. 살아났다.

하인들이 코르세에게 달려가서 본 대로 이야기했다.

"이차에게 그런 영험한 칼이 있어요. 사람을 죽이고 죽은 사람을 살려요! 직접 봤어요!"

영주가 명령했다.

"이차에게 가서 말해. 내가 그 칼을 시험해 보고 싶어 한다고. 아니 살 수도 있다고!"

하인들은 배를 타고 강을 건너 이차에게 가서 말했다.

"이차! 칼을 줘. 영주님이 칼을 시험해 보고 싶어 하셔."

이차가 대답했다.

"안 돼요. 줄 수 없어요! 칼을 망쳐 놓을 거예요. 개를 망쳐 놓았듯이. 이 칼로 가난한 사람들과 하인들을 베면 안 돼요. 그러면 칼이 상해요. 부자와 진짜 사슴 주인들, 관리들만 벨 수 있어요. 그들은 기름기가 많으니까. 시험해 보신다면 드릴게요. 단 제가 말한 것을 잊지 마세요. 칼을 상하게 하지 마세요."

하인들은 칼을 들고 코르세에게 달려갔다. 영주는 가장 부유한 사슴 주인들과 관리들을 모이게 했다. 그리고 그 칼로 베기 시작했다. 모두 죽였다. 그러고 나서 자신의 오른쪽 무릎이 닿은 땅에 칼을 세우고 말했다.

"네가 사람들을 전부 죽였으니 이제 살려 내!"

죽은 사람들은 누운 채 미동조차 없었다. 완전히 죽었다. 누구도 살아나지 않았다. 코르세가 소리쳤다.

"이차가 나를 속였어! 이차를 잡아 와. 놈을 죽이겠어! 그 놈 때문에 친한 사람들을 다 잃었어!"

하인들이 이차에게 달려갔다.

"빨리 가자! 영주님이 너 때문에 화가 났어! 돈 많은 친구들을 다 죽게 만들었으니!"

이차 역시 화를 냈다.

"칼을 망쳐 놓았군요! 하인들과 가난한 사람들을 그 칼로 벤 게 틀림없어요. 영주님에게 가서 왜 내 칼을 망쳐 놓았는지 따져 봅시다!"

이차는 영주에게 와서 분노에 떨며 말했다.

"그 칼로 가난한 사람들을 베었죠? 제 말을 듣지 않고 내 칼을 망쳤어요!"

영주가 소리를 질렀다.

"그래도 나에게 할 말이 있느냐! 너 때문에 가장 친한 사람들을 잃었어. 저자를 붙잡아 죽여라!"

날이 어둑어둑해지고 있었다. 이차가 하늘을 보며 말했다.

"왜 오늘 바로 죽이려 하세요? 만일 제게 죄가 있다면 먼저 저에게 고통을 준 다음 내일 죽이세요. 저를 소가죽에 넣어 얼음 구멍에 가져다 놓으세요. 내일까지 그렇게 고통을 준 다음 아침에 죽이세요."

"좋아. 그렇게 해라."

하인들은 이차를 소가죽 자루에 넣어 얼음 구멍 옆에 놓고 왔다.

완전히 깜깜했다. 밤이었다. 모두 잠이 들었다. 이차는 얼음 구멍 옆에 누워 있었다. 개 썰매 소리가 들렸다. 상인들이 물건을 싣고 가는 소리였다. 상인들이 말하는 소리가 들렸다.

"무언가 얼음 구멍 옆에 있는 것 같아."

이차가 대답했다.

"제가 누워 있어요."

"도대체 왜 거기에 누워 있는 거요?"

"구멍 속에서 물건들을 꺼내려고요. 구멍 속에 좋은 물건이 많이 있어요. 예쁜 옷감과 다른 좋은 것들이 많아요. 곧 위로 꺼낼 거예요."

상인들이 말했다.

"우리도 좀 거기 누워 있게 해 줘요. 우리도 물건을 좀 꺼낼 수 있게 해 줘요!"

"안 돼요. 당신들은 안 돼요! 당신들은 가장 좋은 물건을 꺼내 가고 내겐 나쁜 것을 남길 게 뻔해요."

"누워 있게 해 줘요. 달이 질 때까지만 누워 있을게. 당신은 우리가 간 다음에 밤새도록 그리고 다음 날 아침에도 물건을 꺼내면 되잖아요!"

이차는 잠시 아무 소리도 없이 있다가 말했다.

"그럼 좋아요! 단 좋은 물건은 남겨 두어야 해요!"

상인들이 이차를 풀어 주었다. 그들이 소가죽 안으로 들어갔다. 이차가 그들을 묶었다.

"이제 당신들 눈은 어둠에 익숙해질 거예요. 그러면 물건이 보일 거예요. 당신들이 꺼낸 물건을 놓아둘 곳을 마련하게 당신들 썰매를 저쪽에 치워 놓을게요."

이차는 상인들의 물건을 실은 개 썰매를 끌고 집으로 갔다. 집에 와서 개들은 풀어 주고 썰매는 부쉈다. 상인들의 물건은 집 안으로 끌어다 놓았다.

다음 날 아침에 영주의 하인들이 강으로 가서 자루에 든 이차를 얼음 구멍 속으로 던졌다.

다음 날 아침 영주는 집에서 나왔다. 무언가 이상한 것이 보였다. 이차의 할머니 집 지붕에서 연기가 자욱하게 피어올랐다. 큰 모닥불을 피우는 것 같았다. 할머니가 음식을 많이 준비하는 것 같았다. 영주는 하인을 불러 명령했다.

"이차 할머니 집에 빨리 가서 왜 그렇게 연기가 심하게 피어오르나 보고 와라. 무슨 일인지 알아봐."

하인들이 이차네 집으로 갔다. 집 안에 들어가 보니 정말 큰 모닥불이 활활 타오르고 있었다. 연기가 기둥을 타고 위로 올라가고 있었다. 집 안에는 온갖 종류의 물건들이 걸려 있었다. 마치 상인의 가게 같았다. 이차는 궤짝 위에 앉아 있었다. 앞의 식탁에는 다양한 음식이 차려져 있었다. 하늘 아래서 먹을 수 있는 음식이란 음식은 다 있었다. 이차는 앉아서 차를 마시고 있었다. 얼굴은 온통 긁힌 자국투성이였다.

이차가 하인들에게 말했다.

"앉으세요. 어서 오세요! 어제 나를 얼음 구멍 속에 던졌잖아요. 그런데 보세요. 제가 거기에서 뭘 찾아왔는지. 보다시피 이렇게 많은 물건을 가지고 왔어요. 아직 거기에는 물건이 많이 남아 있어요."

하인들은 너무 놀란 나머지 차를 마시지도 못했다. 잠시 서서 이차의 이야기를 듣고는 놀라서 눈과 입이 다물어지지 않았다. 급히 영주에게 달려갔다. 영주에게 모든 사실을 이야기했다. 가다가 만난 사람들에게도 그 이야기를 해 주었다.

영주는 당장 소를 죽이고 소가죽 자루에 자신을 넣어 얼음 구멍에 던지라고 명을 내렸다. 다른 모든 상인들과 관리들도 소를 죽여 그 가죽으로 자루를 만들어 하인들에게 자신을 넣은 자루를 얼음 구멍에 던지게 시켰다. 모두들 빠져 죽었다. 인색한 영주와 관리들은 다 사라졌다. 이차가 꾀로 모두를 없애 버렸다. 셀쿠프인들은 이차를 영주로 뽑았다. 그리고 잘 살았다. 이것으로 이야기는 끝난다.

켄가의 용사

여기서 왕의 아들이자 용사가 태어났다. 그는 켄가의 용사가 되어야만 했다. 언젠가 혹독하게 추운 겨울이 닥쳐 사냥꾼들은 짐승을 하나도 사냥하지 못하게 되었다. 사람들은 왕의 아들이자 용사가 있는 곳으로 가서 그의 엄마에게 부탁했다.

"아들을 깨워 사슴을 사냥하러 가게 해 주세요."

엄마는 아들을 깨웠다. 그리고 사람들에게 말했다.

"죽은 사슴이 끄는 썰매 열 대를 가지고 가라!"

엄마는 아들을 깨운 후 말했다.

"저기 케우두 나무가 있다. 그 나무에 짐승 가죽으로 만든 썰매와 활과 화살이 걸려 있다."

아들은 그것들을 가지고 사냥꾼들과 함께 사냥을 갔다. 사슴의 발자국을 찾았다. 세어 보니 열한 마리의 발자국이었다. 몰래 접근했으나 소음이 일었다. 사슴들이 줄을 지어 달아났다. 용사는 활을 쏘아 열 마리를 죽였다. 화살 하나가 빗나갔다. 열한 번째 사슴이 뛰어갔다. 새끼 사슴이었다. 새끼 사슴은 두 쌍둥이 중 하나가 아니라 세쌍둥이 중 하나였다. 가슴은 뾰족했고 빨리 달렸다. 용사가 사냥꾼들에게 말했다.

"내가 저 사슴을 죽일 거야. 사슴은 나한테서 벗어날 수 없어. 하늘로 날아갈 수도 없고 땅으로 숨을 수도 없어."

용사는 새끼 사슴을 좇았다. 깨끗한 습지로 나왔다. 그런데 새끼 사슴이 사라졌다. 사슴 대신 까마귀 한 마리가 멀리 날아갔다. 머리를 돌렸다. 아무것도 없었다. 까마귀가 사라졌다. 맞은편에서 부엉이가 날아와서 말했다.

"뛰어갔다 오자."

용사가 뛰어갔다. 돌아보았다. 귀 뒤에서 새소리가 났는데 돌아보니 부엉이는 없었다. 매를 만났다. 매가 말했다.

"나와 함께 가 보자."

용사는 뛰어갔다. 역시 매도 사라졌다. 용사 혼자 습지에 서 있었다. 저녁 무렵이었다. 주위를 둘러보았다. 켄가의 정상은 보이지 않았다. 다른 쪽을 보니 섬이 있었다. 거기로 다가갔다. 딱따구리가 나무를 쪼는 소리가 들렸다. 소리 나는 쪽으로 다가갔다. 한 처녀가 나무를 베고 있었다. 또 한 처녀가 도와주고 있었다. 처녀는 아주 큰 도끼를 들고 있었다. 나무를 썰매에 가득 실었다. 용사는 참나무 밑에 기어들어 갔다. 썰매 기둥 사이에 막대기를 박았다. 처녀가 고삐를 당겼다. 그러나 썰매는 장승처럼 꼼짝도 하지 않았다. 용사가 웃음을 터뜨렸다.

그것은 새끼 사슴이 아니라 처녀였다. 강 하류에 사는 사람들이 처녀에게 청혼을 하러 오도록 그녀가 일부러 그렇게 변신한 거였다. 용사들도 청혼하러 왔다. 처녀는 도마뱀이나 뱀을 먹는 사람들은 싫었다. 처녀의 생일날 백조 두 마리가 날아와서 황금색 기도 책을 떨어뜨렸다. 그 책에는 처녀가 켄가의 용사와 한날 태어났다고 쓰여 있었다. 처녀는 새끼 사슴으로 변했다. 그다음에는 부엉이로, 그리고 매로 변했다. 용사와 함께 떠나려고 일부러 그렇게 변한 것이다. 처녀는 나무를 끌고 가서 오비 강에 굴렸다. 거기에는 큰 도시가 있었다. 두 사람은 그 도시로 왔다. 집에는 사람들이 모두 취해 있었다. 모두 갑옷을 입고 있었다. 그러나 용사는 털옷을 입고 있었다. 그는 속이 상해서 문설주에 기댔다. 갑옷을 입은 사람들이 그에게 말했다.

"들어와서 놀다 가시오. 아니면 우리를 혼내러 왔소?"

그는 집으로 들어갔다. 밤이 되었다. 문지방 옆에 누웠다. 누군가 발을 아프게 밟았다. 벌떡 일어나 나왔다. 처녀가 이미 짐을 썰매에 다 실었다. 처녀가 떠나자고 말했다. 두 사람은 달리기 시작했다. 습지로 나갔다.

"섬에 들릅시다."

처녀는 여자 친구를 데리고 갔다. 두 마리 학이 날고 있었다. 두 처녀는 내기를 했다.

"앞에 나는 것이 수컷일까, 아니면 뒤에 나는 것이 수컷일까?"

둘은 거의 싸울 뻔했다. 용사가 말했다.

"싸우지 마시오. 내가 알아보겠소."

용사는 활을 쏘았다. 두 마리 학이 땅으로 떨어졌다. 그들은 섬으로 와서 학을 삶았다. 학 한 마리가 솥에서 나와 소리쳤다. 다른 용사들이 그들이 어디에 있는지 알아보려고 학을 보낸 것이었다. 그 용사들은 숨어 있었다. 싸움이 시작되었다. 처녀들이 말했다.

"당신은 갑옷을 입지 않았어요. 아무 데도 가지 마세요. 우리가 싸울게요."

처녀들은 창과 칼로 싸웠다. 용사에 대해서는 잊어버린 채 싸웠다. 다른 용사들을 모두 죽였다. 처녀들은 용사를 찾기 시작했다. 그러나 아무 데도 없었다. 용사는 화살을 맞았다. 옆구리를 뚫고 화살이 나갔다. 용사는 호수에 빠졌다가 다시 나왔다. 살아 있었다. 처녀들은 울며 용사를 찾았다. 죽은 사람들의 머리를 들어 보았다. 울며 용사를 찾았다. 용사가 웃음을 터뜨렸다.

"놀랐소?"

"다쳤어요?"

처녀들은 화살의 양쪽 끝을 잡고 반으로 갈랐다. 상처를 재빨리 치료해 주고 다시 앞으로 나아갔다. 그들 뒤를 더 많은 용사들이 쫓아왔다. 처녀들은 풍선을 만들어 용사를 그 위에 앉혔다. 용사는 줄에 매달려 하늘에 있었다. 갑옷을 입은 처녀들은 또 많은 용사들을 모두 죽였다. 용사와 처녀들은 집으로 출발했다. 용사가 어머니에게 달려갔다. 아들이 와서 인사할 때도 어머니는 믿지 않았다.

"나를 속이지 마."

아들이 말했다.

"젖을 누르세요. 젖이 나왔어요."

엄마는 자신의 가슴에서 젖이 나온 것을 느끼고는 그가 아들인 것을 믿었다. 아들은 그동안 어디에 있었는지 이야기해 주었다. 두 처녀가 집으로 들어왔다. 어머니가 처녀들을 야단치기 시작했다. 어머니는 열두 가닥으로 갈라진 채찍을 가져와 짐승들의 가죽을 벗겼다. 가죽을 다 벗기고 그들은 함께 살았다.

마녀와 두 딸

두 딸이 살았다. 아버지는 죽었다. 어느 날 마녀가 딸을 자기 아들과 결혼시키자고 어머니에게 왔다. 어머니는 딸을 내주지 않았다. 어머니도 병이 들어 죽었다. 어머니는 죽기 전에 큰딸에게는 빗을, 작은딸에게는 반지를 남기며 말했다.

"이것이 너희를 구해 줄 거야."

마녀가 벌을 주러 왔다. 두 딸은 어떻게 해야 할지 몰랐다. 두 딸은 달아나기 시작했다. 빗을 던지자 산이 만들어졌다. 산에는 들장미가 빽빽이 있었다. 마녀는 그 산을 통과하지 못했다. 딸들은 계속 앞으로 도망갔다. 강가에 집 한 채가 보였다. 거기에는 꾀가 많은 노파가 살고 있었다. 노파는 처녀들을 배에 태워 강을 건너게 해 주었다. 마녀와 아들도 통나무배를 타고 강을 건넜다. 그러나 그들이 탄 배는 뒤집혀서 물에 빠졌다.

예전에는 사슴에게 심줄이 있었는데 그 심줄로 실을 꼬았다.

노파는 처녀들에게 심줄로 실을 꼬게 했다. 노파가 심줄을 모아서 화덕에 던졌다. 심줄에서 새끼 사슴들이 나왔다.

노파가 처녀들에게 말했다.

"하나만 남고 다른 아이는 가거라."

그러나 두 처녀는 다 떠났다.

노파는 두 처녀 중 하나는 돌아오게 만들었다. 노파가 한 처녀에게 말했다.

"자작나무 소리가 나면 동생을 썰매에 태워 보내."

언니는 노파가 시키는 대로 했다. 썰매에는 아무도 없었다. 동생은 혼자서 갔다. 동생이 정신을 차려 보니 작은 시골이었다. 할아버지와 할머니가 그녀를 딸로 삼았다. 그녀는 할아버지와 할머니와 함께 살게 되었고 중매가 들어왔다. 교활한 마녀가 청혼을 하기 시작했다. 마녀는 할머니에게 금과 은을 주었고 할머니는 청혼을 받아들였다.

동생은 몇 년 후 임신을 했다. 아기 낳을 때가 되자 마녀 시어머니는 그녀의 눈을 빵으로 문질렀다. 시어머니는 아기를 얼음 구멍에 버리고 절반은 사람이고 절반은 개인 괴물을 그녀 옆에 놓았다. 그리고 아들에게 말했다.

"그 아이가 개를 낳았어."

여자는 개를 키우기 시작했다. 또다시 임신을 했다. 시어머니는 눈을 문지르고 또 아기를 얼음 구멍에 버리고 새끼 강아지를 가져다 놓은 다음에 아들에게 말했다.

"그 아이를 개와 함께 숲에 버리고 와."

아들은 아내를 숲으로 데리고 가서 버렸다. 여자는 가까스로 숲을 빠져나왔다. 어머니가 준 반지를 소리 내 깨물었다. 그러자 바로 집이 생겼다. 집에는 모든 것이 있었다. 거기서 여자와 개들은 살게 되었다. 개들이 강에 갔다 오더니 여자에게 말했다.

"저기 두 남자아이가 얼음 구멍에서 나와 우리와 놀았어요."

여자는 다리가 아팠다. 그래서 개들에게 말했다.

"나를 얼음 구멍까지 끌고 가 줘. 내 눈으로 볼게."

개들이 그녀를 끌고 얼음 구멍으로 갔다. 두 남자아이가 나왔다. 아주 훌륭한 아이들이었다. 여자가 개들에게 말했다.

"아이들을 꾀어서 계속 놀아."

그리고 여자는 얼음 구멍으로 직접 들어갔다. 거기로 들어가자 그녀의 다리가 다 나았다. 그녀는 얼음 구멍에서 나와 자기 아들들을 데리고 왔다. 두 아이는 서로 닮았다. 아이들은 모든 것을 이야기했다. 여자는 아이들과 함께 살았다.

하루는 아이들과 앉아 있는데 남편이 지나갔다. 남편은 집에 아이들이 있는 것을 보게 되었다. 그러나 문을 찾을 수 없었다. 여자가 나와서 남편에게 모든 것을 말했다. 남편은 여자에게 용서를 빌었다. 여자가 말했다.

"당신을 받아들일 수 없어요."

그러자 남편이 말했다.

"당신이 보는 앞에서 어머니를 죽이겠소."

그는 어머니를 묶어 무릎을 꿇게 한 후 죽였다. 지금 습지에 있는 작은 흙덩이가 바로 마녀의 머리다.

바보 이반과 곱사등이 말 코넥 고르부노크

옛날에 한 농부가 살았다. 그는 땅을 경작했는데 10년 동안 땅에 무엇이 있는지 보지 못했다. 그에게는 세 아들이 있었는데 둘은 영리했고 하나는 바보였다. 농부가 땅에 무슨 일이 있나 하고 둘러보았다. 밭이 다 파헤쳐져 있었다. 농부는 집에 와서 큰아들에게 말했다.

"내일 밭으로 가서 망을 보거라."

큰아들은 밭에 가서 수풀에 누웠다. 밤이 아주 아름다워서 큰아들은 하늘의 별을 세다가 잠이 들었다. 서른 마리의 말과 코넥 고르부노크가 와서 밭을 다 파헤쳤다. 새벽이 되자 말들은 떠났다. 아침에 잠에서 깬 큰아들은 집으로 갔다.

다음 날 아버지는 둘째 아들에게 망을 보라고 했다. 둘째 아들도 별을 세기 시작했다. 스물까지 세다가 다시 처음부터 세기 시작했다. 노래를 부르는 것이 나을 것 같아서 노래를 부르기 시작했다. 그러다가 둘째 아들 역시 잠이 들었고 밭은 전부 파헤쳐졌다. 어디에서 말들이 왔는지 알 수 없었다.

"아! 그래! 아! 그래!"

말들이 와서 둘째 아들 옆에 뒹굴었지만 아들은 눈치채

지 못했다. 아침이 되자 둘째 아들은 집으로 갔다. 아버지가 물었다.

"무엇을 보았니?"

"아무것도 보지 못했어요."

아버지는 바보 이반에게 밭으로 가라고 말했다. 바보 이반이 말했다.

"신발을 잃어버렸어요. 숲에는 모기가 많아요."

아버지는 이반에게 새 장화와 옷을 주어 밭으로 보냈다. 이반은 또 아버지에게 2미터 정도 되는 끈을 부탁했다. 이반이 말했다.

"말을 잡아도 집으로 오지 않을 테니 기다리지 마세요. 솔로몬 왕에게 가서 공주에게 청혼할 거예요."

이반은 밭으로 왔다. 끈의 한쪽 끝에 올가미를 만들고 다른 한쪽은 자신에게 묶은 후 수풀에 누웠다. 그날 밤도 역시 아름다웠다. 두 형들은 별을 세다가 잠이 들었지만 바보 이반은 누워서 잠을 자지 않았다. 새벽이 되자 서른 마리의 말들이 밭으로 달려들었다. 그중에 코넥 고르부노크가 있었다. 코넥 고르부노크가 올가미 쪽으로 점점 더 가까이 다가왔다. 이반의 손이 떨리기 시작했다. 코넥 고르부노크가 올가미 안으로 들어가자 이반이 잡았다. 그러자 코넥 고르부노크가 사람의 목소리로 빌었다.

"지금 솔로몬 왕에게 날아갑시다."

이반은 코넥 고르부노크에게 재갈을 물리고 그 위에 앉아서 날아갔다. 이반은 고삐를 아주 꽉 잡았다. 1주, 2주, 3주가 지났다. 이제 몇 달이 지났는지 세기 시작했다. 계속해서 달렸다. 산들을 넘으니 깨끗한 들판이 나타났다. 파란 바다까지 날아갔다. 코넥 고르부노크가 말했다.

"파란 바다 끝까지 갈 거예요. 거기에서 용사들의 곡식을 찾아서 먹고 용사들의 물을 찾아서 마실 거예요. 그리고 파란 바다를 건널 거예요."

코넥 고르부노크는 계속해서 걸었다. 물통을 발견했다.

"아니야. 이게 아냐. 이 물은 마시면 안 돼. 이 물을 먹으면 힘이 약해져."

계속해서 걸었다. 멀리서 가축이 보였다. 거기 물통이 있었다. 물을 마시려고 하자 누군가의 목소리가 들렸다.

"마시지 마. 그러면 계속해서 갈 수 없어."

계속해서 걸어갔다. 물이 담긴 통이 보였다. 누군가 마시라고 말했다. 물을 마셨다. 그러자 힘이 불끈 솟는 것 같았다. 이 세상을 두 번이라도 돌 수 있을 것 같은 기분이었다. 계속 앞으로 걸어갔다. 풀이 보였다. 누군가 말했다.

"먹지 마. 힘이 사라질 거야."

앞으로 계속 걸어갔다. 풀이 또 있었다. 누군가 먹으라고 말했다. 오던 길을 되돌아가서 이반을 데리고 왔다.

이반은 코넥 고르부노크를 타고 날아갔다. 몇 달이 흘렀는지 모른다. 1년 후 그들은 마침내 왕이 사는 곳에 도착했다. 농어가 말했다.

"수많은 용사들이 여기 왔지만 이곳을 건너갈 수 없었어. 내가 다 잡아먹었거든."

이반 일행은 그곳을 건넜다. 이반은 코넥 고르부노크를 데리고 걸어갔다. 앞에서 한 집시가 오더니 물었다.

"그 말이 얼마예요?"

"백 루블이에요."

집시가 이반에게 백 루블을 주었다. 이반은 술집에 들러 술 1리터를 사서 다 마신 다음 술집을 나왔다. 돈도 없고 말도 없었다. 앞에서 왕이 걸어왔다. 왕이 이반에게 말했다.

"궁전에 와서 마부로 일해라. 거처를 마련해 주마."

왕은 이반에게 헛간을 주었다. 이반은 마부로 일하게 되었다. 일하면서 생각했다.

'2주 동안 말을 보살폈는데 왜 말이 살이 찌지 않을까? 코넥 고르부노크를 휘파람으로 불러야겠다.'

왕은 아직 잠을 자고 있었다. 코넥 고르부노크가 달려와서 물었다.

"무슨 일이세요?"

이반이 자신의 고민을 이야기했다. 그러자 코넥 고르부노크가 말했다.

"슬퍼하지 말고 가서 주무세요."

다음 날 아침 이반이 일어나서 보니 말들은 살이 쪄 있었다. 칼을 말 등에 얹으면 구를 정도였다. 왕이 마구간에 와서 점검을 했다.

"이반! 어디 보자."

"보세요! 단 입을 열지 마세요. 그러지 않으면 밟히실 거예요."

왕은 이반이 말을 어떻게 돌봤는지 검사했다. 그러고 나서 왕은 집에 와서 아내에게 말했다.

"훌륭한 마부야. 사위로 삼아야겠어."

다음 날 왕의 딸이 창문을 살짝 열고 해를 보았다. 해는 수줍어했다. 3일 동안 해가 뜨지 않아 어두웠다.

왕이 이반에게 와서 말했다.

"너에게 문제를 낼 테니 알아맞혀. 그러면 내 딸과 혼인하게 해 줄게. 만일 알아맞히지 못하면 네 목을 가져가겠다. 왜 해가 3일 동안 비추지 않는지 대답해."

이반은 코넥 고르부노크를 불렀다. 곱사등이 말은 왕에게 어떻게 대답해야 할지를 이반에게 말해 주었다. 아침에 왕이 왔다. 왕은 손에 칼을 들고 이반에게 대답하라고 말했다. 공주가 해보다 더 아름답기 때문에 해가 수줍어서 나오지 못하는 거라고 이반은 왕에게 말했다. 그러자 왕은 두 번째 문제를 냈다.

"내 딸에게 줄 신발과 옷을 만들어. 단, 바느질을 하면 안 돼. 모든 새들을 날아오게 만들 그런 색깔의 옷을 지어."

아침에 이반은 코넥 고르부노크를 불렀다. 곱사등이 말이 말했다.

"주무세요. 다 준비해 놓을게요."

이반은 자러 갔다. 아침에 일어나서 공주에게 줄 옷이 어디에 있나 하고 찾았다. 밖에는 온갖 새들이 날아다니며 옷을 탐내고 있었다. 왕이 말했다.

"장하다. 이반! 세 번째 문제를 내겠다. 내일 아침까지 나를 속일 아무거나 생각해 놔. 만일 나를 속이지 못하면 네 목을 자를 거야."

아침에 이반이 왕에게 말했다.

"전하의 도시가 불타고 있습니다."

왕이 온 도시를 둘러보았다. 그러나 어디에도 불이 난 데는 없었다. 왕이 말했다.

"엉덩이를 너무 붙이고 앉아 있었다. 이제 앉지도 서지도 말고 누워야겠다."

다음 날 이반과 공주의 결혼식이 거행된다. 그래서 왕은 이반을 데리고 궁전으로 가려고 왔다. 이반이 왕에게 말했다.

"공주님에게 좀 기다리라고 해 주세요. 옷을 갈아입고 올게요."

이반은 밭으로 나가서 곱사등이 말 코넥 고르부노크를 휘파람으로 불렀다. 곱사등이 말이 날아와서 말했다.

"오른쪽 귀를 잘 닦으세요. 깨끗하게 닦으세요. 왼쪽 귀를 닦으세요. 옷이 다 준비되어 있어요."

이반은 깨끗이 닦고 옷을 입은 다음 왕에게 갔다. 왕은 그를 알아보지 못했다. 왕이 말했다.

"어디서 온 청년이지?"

이반은 자신이 바로 3년 동안 마구간에서 일한 사람이고 이제 잔치가 열려 이렇게 잘 차려입었다고 말했다. 식탁 위에는 모든 음식이 차려졌다. 이반은 공주와 함께 앉아서 잔치를 즐겼다. 왕은 노인들을 데리러 갔다. 그리고 아코디언을 가져와서 걸상에 세우고 닭을 가져왔다. 왕이 말했다.

"자! 아코디언아! 연주해 봐."

아코디언이 움직이더니 연주하기 시작했다. 닭이 노래를 불렀다. 노인들이 닭의 목을 비틀고 아코디언을 문지방으로 던졌다. 만취하도록 마시기 시작했다.

왕과 왕비가 죽어 이반이 왕국을 차지했다.

두 자매

두 자매가 강가에 살았다. 언니는 매일 어구를 가지고 물고기를 잡으러 갔다. 언니는 어구에서 물고기를 꺼내 동생에게 먹이며 동생을 키웠다. 동생이 자라 언니에게 말했다.

"나도 컸으니 이제부터 내가 매일 물고기 잡는 어구로 갈게."

언니가 말했다.

"길을 잃지 마."

"걱정하지 마. 길을 잃지 않을게."

그러나 동생은 길을 잃고 말았다. 동생은 어구 있는 데로 다가가서 어구를 들어 올렸다. 수달 한 마리가 들어가 있었다. 막대기로 찔렀는데 수달이 사라졌다. 어구를 다시 물에 넣었다. 바람이 일고 눈이 왔다. 동생은 이제 집으로 가야겠다고 생각했다. 그러나 길을 찾을 수가 없었다. 헤매는데 길 하나가 보여 거기로 들어갔다. 두리번거리며 그 길을 따라서 갔다.

"왔던 길이 아냐."

다람쥐들이 다니는 나무, 담비가 다니는 나무, 산이 있었다. 처녀는 계속 걸어갔다. 저녁까지 걸었다. 집 한 채가 나타났다. 처녀는 집으로 들어갔다. 아무도 없었다. 집에 들어가서 앉아 있으니 조금 후 한 남자가 들어왔다. 남자는 불을 피웠다. 불에 솥을 얹어 고기를 삶아 먹으려고 앉았다. 처녀에게 고기 한 조각을 내밀며 먹으라고 말했다. 그녀는 다 먹었다. 그리고 잠자리에 들었다. 남자도 혼자서 잠자리에 들었다.

다음 날 아침 남자는 아침을 먹지 않은 채 나갔다. 처녀는 혼자 집에 있었다. 저녁에 남자가 다시 집에 와서 고기를 삶았다. 두 사람은 고기를 먹었다. 남자는 처녀의 고기를 먹었고 처녀는 남자의 고기를 먹었다. 즉 두 사람은 결혼을 했다. 두 사람은 잠자리에 들었다. 다음 날 아침 남자는 사냥하러 나갔다. 나가면서 처녀에게 말했다.

"벙어리장갑을 만들어 놔."

처녀는 앉아서 울었다. 어떻게 장갑을 만든단 말인가? 그때 문이 열리며 노파가 들어왔다. 노파가 처녀에게 물었다.

"왜 우니?"

"남편이 저에게 벙어리장갑을 만들라고 했는데 저는 만들 줄 몰라요."

노파가 처녀에게 칼을 주며 말했다.

"울지 말고 내 머리 속의 이를 잡아 줘."

처녀는 노파의 머리에서 이를 찾기 시작했다. 조금 후 노파는 일어났다. 노파는 낡은 장갑을 흔들며 말했다.

"위에 매달아."

그러자 낡은 장갑은 좋은 장갑으로 변했다. 노파가 말했다.

"남편이 오면 내 마녀 누나가 그걸 만들었다고 말할 거야. 그러면 누나가 어디에 있냐고 말해. 누나가 있는 줄 알았으면 낮에 누나에게 갔다 올걸 그랬다고 말해."

남편이 집에 돌아와서 아무 말도 하지 않았다. 두 사람은 밥을 먹고 잠자리에 들었다. 아침이 되자 남편은 또 사냥하러 갔다. 남편이 나가면서 말했다.

"털옷을 만들어 놔."

처녀는 다시 앉아서 울었다. 노파가 와서 말했다.

"울지 말고 머리에 있는 이를 잡아 줘."

처녀는 이를 잡았다. 노파는 일어났다가 앉았다. 노파는 넓적다리 밑에서 낡은 털옷을 꺼내서 흔들었다. 낡은 털옷이 좋은 옷으로 변했다. 노파가 말했다.

"위에 걸어. 남편이 집에 오면 내 마녀 누나가 이 옷을 만들었다고 말할 거야. 그러면 누나가 어디에 있냐고 말해. 누나가 있는 줄 알았으면 낮에 누나에게 갔다 올걸 그랬다고 말해."

노파는 그렇게 말하고 나서 밖으로 나갔다. 처녀도 노파 뒤를 따라 나갔다. 그러나 노파는 보이지 않았다. 발자국조차 없었다. 땅 위에는 눈만 쌓여 있을 뿐이었다. 처녀는 다시 집으로 돌아왔다. 집에 앉아 있는데 남편이 돌아왔다. 밥을 먹고 잠자리에 들었다.

아침이 되었다. 남편은 나가면서 말했다.

"저녁에 세 사람이 먹을 고기를 삶아 놔. 신발을 만들어 놔."

처녀는 고기를 삶아 놓았다. 저녁에 남편이 와서 말했다.

"구석에 가면 그릇이 세 개 있어. 거기에 고기를 덜어 놔."

처녀는 세 개의 그릇을 가져와서 고기를 담았다. 남편이 말했다.

"이제 세 마녀 누나들에게 가져다줘."

처녀는 속으로 생각했다.

'어디서 그들을 찾는담?'

처녀는 그릇을 포개서 들고 밖으로 나왔다. 움푹 들어간 길이 있었다. 그 길을 따라갔다. 집이 있었다. 처녀가 집으로 들어가니 맨 처음 왔던 노파가 앉아 있었다. 처녀는 두 번째 집으로 들어갔다. 거기에는 두 번째로 왔던 노파가 앉아 있었다. 처녀는 그릇 한 개를 놓았다. 노파가 말했다.

"아들을 키우고 살아라. 딸도 역시 키우고 살아라."

처녀는 계속해서 세 번째 집에 들어갔다. 세 번째로 왔던 노파가 앉아 있었다. 마지막 그릇을 거기에 놓았다. 그러고 나서 뒤돌아 나왔다.

그 후 두 사람 사이에서 아들이 태어났다. 아들은 자라서 웃기 시작했고 도리도리를 하고 걸어 다니게 되었다. 엄마와 아들은 나무를 하러 다녔다. 어느 날 아들은 무언가를 보더니 엄마에게 말했다.

"저기서 연기가 나오고 있어요. 아마 할머니가 있는 것 같아요. 같이 가요."

"아버지가 알면 혼내실 거야."

"아버지에게는 말하지 않을게요."

그들은 거기로 갔다. 집으로 들어갔다. 할머니가 앉아서 전나무 가지를 삶고 있었다. 엄마가 아들에게 말했다.

"돌아가자. 아버지가 알면 혼내실 거야."

그들은 저녁에 집으로 돌아왔다. 아버지가 돌아와서 저녁을 먹기 시작했다. 아들이 말했다.

"엄마와 할머니에게 갔다 왔어요."

"할머니가 어디에 있어?"

"가까운 데 있어요. 전나무 가지를 삶고 있어요."

"내일 할머니에게 고기를 가져가자."

다음 날 아침 그들은 고기를 마차에 싣고 아들을 태우고 할머니에게 갔다. 집에 들어가니 역시 전나무 가지를 삶는 솥이 끓고 있었다. 그들이 할머니에게 말했다.

"전나무 가지를 부어 버리고 고기를 삶으세요."

그들은 하루 종일 그 집에서 보냈다. 집으로 돌아오려고 하자 할머니가 아이를 달라고 졸랐다.

"아이를 나에게 줘. 이야기를 주고받을 사람이 없어. 아이가 여기에 살면 내가 아이와 웃을 수 있을 거야."

그들은 아이를 거기에 두고 왔다. 얼마쯤 가다가 다시 뒤를 돌아보았다. 아무것도 없었다. 눈만 소복이 쌓여 있었다.

몸통 없는 머리

남편과 아내가 살고 있었다. 남편은 사냥을 가기 전에 아내에게 말했다.

"실을 뽑아서 그물을 엮어 놔."

아내는 실을 자았지만 실꾸리 하나밖에 되지 않았다.

남편이 물었다.

"실을 뽑았어?"

"뽑았어요."

"그런데 실은 어디에 있어? 줘. 그물을 엮을 거야!"

아내는 실꾸리 하나를 가져왔다. 허리 뒤에 두 손을 숨긴 다음 한 손을 빼서 그 손 안에 든 실타래를 보여 주었다. 아내가 한 손에 든 실을 보여 주며 말했다.

"여기 있어요!"

아내는 다른 손을 보여 주며 다시 말했다.

"여기도 있어요!"

같은 실타래였다.

아내가 남편에게 말했다.

"여기 실타래가 있고 여기 다른 실타래가 하나 더 있어요!"

남편은 그물을 엮기 시작했다. 그물을 엮다가 실이 다 떨어졌다.

"다른 실타래는 어디에 있어?"

"하나밖에 뽑지 않았어요."

남편은 화가 나서 아내를 때리기 시작했다. 남편은 아내를 밖으로 쫓아냈다. 아내는 울며 집 뒤로 걸어갔다. 얼마쯤 걸어가니 길이 하나 보였다. 사람들의 뼈도 있었고 개 뼈도 보였다. 그 길을 따라 계속 걸으니 커다란 집 한 채가 보였다. 아내는 생각했다.

'이런 곳에 무슨 집이 있지? 가서 살펴봐야겠다.'

아내는 집으로 들어갔다. 아무도 없었다. 어쩔 도리가 없었다. 아내는 밖으로 나와서 귀를 기울였다. 어디선가 사람의 이야기 소리가 들렸다. 한 사람 또는 여러 사람들이 이야기하는 소리였다. 건초를 실은 말들이 오는 것이 보였다. 사람은 안 보이고 사람의 머리만 보였다. 머리가 말에게 소리를 지르고 있었다. 말들은 스스로 움직였다. 말들이 마당 밖에 도착하자 머리가 말했다.

"대문아! 열려라!"

대문이 열렸다. 말들이 마당으로 들어갔다.

"갈퀴야! 건초를 쓸어 내!"

갈퀴가 건초를 쓸어 냈다. 머리가 말했다.

"줄아! 묶여라!"

줄이 짐수레에 묶였다.

머리가 말했다.

"말아! 네 자리에 가 있어! 멍에야! 알아서 묶여 있어. 네 자리에 가 있어. 말아! 마당에 가 있어. 네 자리로 가."

머리는 짐수레에게 그렇게 명령했다.

"너희들도 첫 번째 짐수레처럼 건초를 쓸어 내! 모든 말들은 마당으로 가."

말들은 모두 마당으로 들어갔다. 건초를 실은 수레는 건초를 다 쓸어 내고 자기 자리로 흩어졌다. 머리가 말했다.

"갈퀴야! 말에게 건초를 줘!"

갈퀴는 말에게 건초를 주었다.

머리가 말했다.

"마당에 있는 문아! 닫혀라!"

문이 닫혔다. 머리가 집으로 굴러갔다.

"문아! 열려라!"

문이 열렸다. 머리가 안으로 들어갔다.

"문아! 닫혀라!"

머리가 의자로 굴러가서 말했다.

"빵과 소금아! 식탁을 차려라!" 음료와 음식이 식탁에 차려졌다. 머리가 음식을 먹었다. 배불리 먹은 후 머리는 생각했다.

'무엇을 할까? 어디에 누울까? 천장에 가까운 잠자리에 누울까? 떨어져 다칠 거야. 화덕 위에 누울까? 굴러 떨어질 거야.'

"절구야! 집으로 들어와!"

나무절구가 집 안으로 들어왔다. 머리는 절구 안으로 기어 들어가서 누웠다. 곧 코를 골기 시작했다.

아내는 어떻게 할지 곰곰 생각에 잠겼다.

그녀는 절구가 있던 마당에서 절굿공이를 본 기억이 났다. 아내는 나가서 절굿공이를 들고 왔다. 머리를 빻기 시작했다. 머리가 소리를 질렀다.

"아야! 아야! 아야! 목덜미야! 머리야! 아야! 아야! 아야! 머리야!"

아내는 머리를 완전히 깨뜨려 버렸다.

아내는 거기에서 혼자 살기 시작했다. 머리가 말한 대로 말했다.

"대문아! 열려라!"

대문은 열리지 않았다. 아내는 화가 나서 직접 문을 열고 마당으로 들어갔다.

"갈퀴야! 말에게 건초를 줘!"

그러나 말들은 아내의 말을 따르지 않았다. 아내가 갈퀴를 들고 말에게 건초를 주었다. 누구도 아내의 말을 듣지 않았다. 갈퀴와 대문도 아내의 말을 듣지 않았다.

아내는 혼자서 살았다. 이제 아내는 모든 것을 직접 알아서 했다. 그녀는 생각했다.

'어떻게 혼자 살지?'

그녀는 아직 건초가 있으니 혼자 살 수 있다고 생각했다. 아내는 또 생각했다.

'그런데 나중에는 어떻게 살지? 어떻게 건초를 혼자서 실어 오지?'

아내는 한참을 혼자서 살았다.

남편이 사냥을 갔다 오다가 아내가 사는 집에 우연히 들르게 되었다. 남편이 집으로 들어갔는데 자신의 아내가 보였다.

"당신 여기서 살아?"

"네! 여기서 살아요."

"아이고! 마누라! 마누라! 가축이 어디서 이렇게 많이 났어? 말이 엄청 많은데. 나도 여기서 살게 해 줘. 같이 삽시다."

"어떻게 여기에서 같이 산다고 그래요? 예전에 나를 때리고선! 이제 용서해 달라고 하고서는 또 나를 때리려고 그러죠?"

"아니. 절대 때리지 않을게."

"만일 때리지 않는다면 같이 삽시다."

"화만 내지 마."

이것으로 이야기는 끝난다. 그들은 짐승의 고기를 삶아 먹었다. 나도 거기 가서 고기를 먹었다. 그들은 지금도 같이 살고 있다.

태양의 왕

태양의 왕이 살았다. 그에게는 아들이 있었다. 왕은 아들을 가둬서 키웠다. 아들이 열여덟 살이 되자 왕은 아들을 자유롭게 풀어 주었다. 왕자는 광명의 세계로 나와 하루 종일 뛰어다니고 왕국을 돌아다녔다. 왕자가 왕에게 와서 말했다.

"결혼하고 싶어요. 상인 딸에게 중매를 넣을 거예요."

"안 돼. 상인의 딸을 아내로 맞이하게 할 수는 없다. 네가 혼인하고 싶다면 내가 바람의 왕에게 가서 그 딸을 달라고 해야겠다."

왕은 바람의 왕에게 갔다. 삼백 명의 군사와 함께 큰 배를 타고 갔다. 마침내 바람의 왕국 근처에 당도했다. 왕국은 곶에 서 있었다. 곶에는 나무도 풀밭도 없었다. 태양의 왕은 편지를 써서 두 명의 병사로 하여금 바람의 왕에게 전달하게 했다. 병사들은 출발했다. 바람의 왕은 서 있지도 앉아 있지도 않았다. 주위를 뛰어다녔다. 병사들은 태양의 왕의 편지를 책상 위에 놓았다. 바람의 왕은 편지를 읽은 후 답장을 써 주었다. 병사들이 답장을 자신의 왕에게 가져왔다. 태양의 왕은 답장을 읽었다.

"만일 당신이 나와 싸워 이기면 내 딸을 주겠다."

태양의 왕은 편지를 읽은 후 바닷가를 응시했다. 바닷가로 많은 사람들이 내려오고 있었다. 바닷가는 사람들로 인해 마치 석탄처럼 새까맸다. 배로 다가온 사람들은 배를 향해 활을 쏘기 시작했다. 왕은 놀라서 달아났다. 배도 달아났다. 바람의 왕은 거의 삼백 명의 병사를 제압했다. 태양의 왕의 병사는 단 30명만 살아남았다.

태양의 왕은 집으로 돌아왔다. 아들이 말했다.

"정말로 아버지가 오셨다. 어떤 아내를 데려왔을까?"

백성들도 왕자의 아내를 보고 싶어서 배로 달려갔다. 왕이 아들에게 다가가서 말했다.

"겨우 도망쳤어. 거기서 죽을 뻔했어. 거의 숨만 남아 도망 왔어! 이제 어쩌겠니? 네가 바라던 상인의 딸을 아내로 맞이해라."

아들이 대답했다.

"아니에요! 이제 제가 직접 바람의 왕에게 가서 딸을 달라고 하겠습니다!"

그리고 왕자는 대신을 불러 명령했다.

"배를 만들어. 바다에서나 육지에서나 나를 실어 줄 배를 만들어."

대신은 얼마 후 그런 배를 만들었다. 유리로 된 배였다. 왕자는 세 명의 병사와 함께 배를 타고 출발했다. 배는 물에서도 땅에서도 어디서건 잘 나갔다.

왕자가 갑자기 말했다.

"별종 용사! 어디에 있어?"

그러자 바로 작은 먹구름이 해를 막았다. 별종 용사가 온 것이다. 용사가 왕자에게 말했다.

"무슨 일이세요? 무슨 일이 있어 저를 부를 생각을 하신 거예요?"

"바람의 왕의 딸에게 청혼을 하러 가는 길이야. 도와줘!"

왕자는 별종 용사를 배에 싣고 계속 앞으로 갔다.

다시 왕자가 말했다.

"곰 용사! 어디에 있어?"

그러자 하늘이 좀 어두워졌다.

하늘의 절반이 먹구름으로 덮인 것 같았다. 곰 용사가 온 것이다. 곰 용사가 왕자에게 말했다.

"왕자님! 무슨 일로 저를 부르셨어요?"

"바람의 왕의 딸에게 청혼하러 가는 길이야. 함께 가자. 도와줘."

그들은 계속 갔다. 얼마 후 왕자는 다시 말했다.

"땅의 용사! 대체 어디에 있니?"

그러자 바로 하늘이 밤하늘이 됐다. 온통 어두워졌고 해는 보이지 않았다. 땅의 용사가 온 것이다. 무릎까지 흙에 빠졌다. 힘들게 기어오른 것 같았다. 왕자에게 말했다.

"무슨 일로 부르셨어요?"

"바람의 왕의 딸에게 청혼을 하러 가. 같이 가자. 나를 도와줘. 너를 배에 실을게."

땅의 용사가 말했다.

"내 생각에 이 배는 나를 지탱할 수 없을 것 같아요. 한번 움직여 보세요. 제가 볼 테니."

배가 움직였다. 땅의 용사가 뱃머리를 잡자 배는 그 자리에 섰다. 움직일 수 없었다. 땅의 용사가 왕자에게 말했다.

"가세요! 만일 불행이 닥치면 제가 직접 왕자님에게 갈게요. 가세요!"

배는 출발했다. 바람의 왕국이 있는 곳에 다다랐다. 왕자는 편지를 썼다.

"딸을 지금 즉시 배로 보내 주시오. 만일 보내지 않으면 당신의 왕국을 흔적도 없이 부숴 버릴 거요."

편지는 바람의 왕에게 전달되었다. 두 병사가 궁전에 들어와서 편지를 전달했다. 왕은 편지를 읽고 나서 답장을 썼다.

"만일 네가 나와 싸워 이기면 내 딸을 주마!"

병사들은 답장을 왕자에게 전달했다. 왕자는 편지를 읽고 나서 밖을 바라보았다. 연안에서 아래로 수많은 사람들이 내려오고 있었다. 연안은 숯처럼 새까맸다. 왕자가 명령했다.

"어디 보자. 곰 용사! 나와!"

곰 용사가 나왔다. 사람들과 싸워 이겼다. 왕자는 다시 배로 왔다. 차를 마시려다가 밖을 보았다. 연안에서 두 명의 사람이 내려오고 있었다. 발이 5미터는 되는 것 같았다. 배 쪽으로 걸어왔다. 왕자가 소리쳤다.

"별종 용사! 이리 나와!"

별종 용사가 나와 사람들에게 다가갔다. 그들은 칼을 들고 싸우기 시작했다. 별종 용사는 둘 중 하나를 죽였다. 갑자기 다른 사람이 별종 용사를 칼로 아주 세게 찔러 용사의 허리가 잘렸다. 용사가 죽었다. 왕자가 그것을 보고 명령했다.

"곰 용사! 나와!"

다시 곰 용사가 나왔다. 왕자가 말했다.

"땅의 용사! 어디 있어? 어디로 간 거야?"

곰 용사는 다른 한 사람을 죽이고 배 쪽으로 오고 있었다. 산에서 배로 다시 한 남자가 오고 있었다. 곰 용사가 그와 싸우러 갔다. 그 남자가 곰 용사를 죽였다. 그때 어디선가 갑자기 땅의 용사가 나타났다. 마치 무릎으로 기어 온 것 같았다. 무릎까지 땅에 파묻혀 있었다. 그렇게 그는 육중했다. 왕자가 그에게 소리쳤다.

"빨리 나와. 그들이 나를 죽일 거야!"

땅의 용사가 다가가서 남자를 죽였다. 그리고 배로 갔다. 바람의 왕은 아들을 불러 말했다.

"내 피와 너의 피는 하나다. 내 대신 가서 싸워라. 그자는 수많은 내 백성들을 죽였다. 아마 너는 그들을 이길 수 있을 거다. 그들이 너를 죽이지 못할 거야."

바람의 왕의 아들이 싸우러 나왔다. 땅의 용사가 그를 맞이했다. 땅의 용사가 말했다.

"바로 여기에서 우리는 서로에 대해 잘 알게 될 거다!"

둘은 싸우기 시작했다. 너무 오래 싸워서 둘은 힘이 바닥났다. 땅의 용사가 말했다.

"무기로 싸우지 않는 게 낫겠어. 맨손으로 겨루자."

"좋아. 단 내가 연안으로 올라가서 가벼운 옷으로 갈아입고 올 테니 그때 다시 겨루자!"

바람의 왕의 아들은 바닷가에 갔다 왔다. 철갑옷을 벗어 버렸다. 땅의 용사는 배로 가서 차를 마셨다. 얼마 후 두 사람은 다시 만났다. 바람의 왕의 아들은 연안에서 내려왔고 땅의 용사는 그가 있는 곳으로 약간 올라갔다. 땅의 용사가 말했다.

"그럼 이제 힘을 겨뤄 볼까!"

그들은 서로 맞잡고 서로 때렸다. 땅의 용사가 바람의 왕의 아들을 이겼다. 태양의 왕자는 다시 바람의 왕에게 편지를 썼다.

"즉시 당신의 두 딸을 보내시오! 만일 보내지 않으면 당신을 죽일 거요."

왕은 편지를 읽고 나서 딸들에게 말했다.

"이제는 어쩔 수 없구나. 가거라!"

바람의 왕의 딸들은 배로 다가갔다. 왕자는 작은딸을 아내로 삼고 큰딸을 땅의 용사의 아내로 삼게 했다. 그들은 다시 오던 길을 되돌아가려고 출발했다. 땅의 용사는 걸어서 출발했다. 왕자가 땅의 용사에게 말했다.

"만일 내가 다시 불행을 만나면 또 도와줘."

땅의 용사는 떠났다. 자신의 아내를 어깨에 둘러메고 갔다. 왕자는 자신의 왕국으로 출발했다. 왕자는 하룻밤을 자고 다음 날 아침 눈을 떴다. 대신이 왕자에게 말했다.

"어떻게 바람의 왕의 딸을 데려왔어? 별종 용사와 곰 용사가 도와준 거 다 알아. 두 용사는 죽었고 땅의 용사만 살아남았지. 자, 이제 태양의 왕국에 가자. 우리 중 더 현명한 사람이 왕국에 도착하게 될 거야!"

왕자가 말했다.

"그래 그러자!"

대신이 떠나자 왕자가 아내에게 말했다.

"나와 대신이 내기를 했어. 우리 중 누가 먼저 태양의 왕국에 도착할 건지. 내가 어떻게 하면 먼저 도착할 수 있을까?"

아내가 말했다.

"대신은 현명해요. 이미 왕국으로 출발했어요."

아내는 왕자에게 흰 보자기를 주었다.

"지붕 위에 올라가서 이 보자기를 깔고 앉으세요. 이 보자기가 행운을 가져올 거예요."

왕자는 지붕에 올라가서 보자기 위에 앉았다. 그러자 보자기가 날아가기 시작했다. 왕자는 궁전 지붕 위로 날아왔다. 왕자는 보자기를 주머니에 넣었다. 그리고 지붕 위에 서서 소리를 질렀다.

"땅의 용사! 어디에 있어?"

그러자 갑자기 어두워졌다. 땅의 용사가 왔다. 아내를 어깨에 업고 왔다. 용사가 물었다.

"왜 또 나를 불렀어요?"

"나는 대신과 내기를 했어. 누가 먼저 태양의 왕국에 도착할 수 있는지. 보다시피 나는 도착했는데 왕의 집으로 들어갈 수가 없어. 그가 집으로 들어갔는지 아닌지 모르겠어."

땅의 용사가 대답했다.

"대신은 아주 현명해요. 이미 오래전에 궁전에 들어와서 앉아 있어요."

땅의 용사는 잠시 생각한 후 다시 말했다.

"왕의 집 지붕에 앉아 계세요. 제가 대신을 데려갈게요!"

땅의 용사는 태양의 왕의 집을 손바닥 위에 놓아 왕자의 집이 있는 곳으로 가져왔다. 왕자는 자기 집으로 가서 잠을 잤다.

왕이 아침에 일어나 밖으로 나왔다. 왕은 이게 뭔지 주변의 땅이 뭔지 영문을 몰랐다. 왕이 말했다.

"이런 땅은 한 번도 본 적이 없어!"

대신도 역시 밖으로 나왔다. 대신은 달아났다.

왕이 슬퍼하며 말했다.

"누군가 나를 여기로 데려왔어. 어떻게 내 백성들을 데려오지? 나는 가야만 해."

땅의 용사가 나와서 말했다.

"어디 가려거든 가 보세요. 제가 볼게요!"

왕은 밖으로 나와 반쯤 가다 위로 올라가기 시작했다. 사람들이 왕을 바라보았다. 왕은 팔을 조금씩 움직였다. 팔이 날개가 되었다. 이제 왕은 날개를 흔들며 날아갔다. 땅의 용사가 손으로 날개를 때리자 깃털이 떨어졌다. 왕은 날 수가 없었다. 왕은 소리를 지르기 시작했다.

"내 집에 말이 있어. 마구간에 매여 있어. 말을 데려와!"

왕자가 50킬로그램이나 되는 망치를 들고 2미터 길이의 집게를 들고 갔다. 왕자의 아내는 물이 든 병을 주며 말했다.

"만일 말이 왕자님을 죽이려고 덤벼들면 이 병 속의 물을 말의 얼굴에 뿌리세요."

왕자는 흰 보자기 위에 앉았다. 보자기가 날았다. 왕자는 태양의 왕국에 도착했다. 왕자가 물었다.

"왕의 말이 어디에 있느냐? 보여 줘!"

병사들이 말했다.

"말에게 가지 않는 것이 나아요. 말을 데려가지 못할 거예요. 왕자님을 잡아먹을 거예요!"

왕자가 웃었다.

"아니야. 그렇게는 절대로 되지 않을 거야."

왕자는 마구간으로 갔다. 말은 쇠기둥에 쇠사슬로 묶여 있었다. 왕자를 본 말은 날뛰기 시작했다. 너무 세게 발버둥 치는 바람에 사슬이 끊어졌다. 왕자는 병 속의 물을 말의 얼굴에 끼얹었다. 그러나 말은 입을 크게 벌리고 왕자를 삼키려 했다. 왕자는 집게를 들어 말의 주둥이를 조인 다음 말 위에 올라타서 망치로 때렸다. 말은 큰 소리를 내며 날뛰었다.

"아이고! 그만해! 앞으로는 발광하지 않을게!"

왕자는 말을 끌고 자기 땅으로 돌아왔다. 땅의 용사가 말의 얼굴을 사슬로 칭칭 감은 다음 땅에 박은 쇠기둥에 매달았다. 땅의 용사가 왕에게 말했다.

"자! 당신의 말을 보시오!"

왕은 밖으로 나와 기둥에 매달려 있는 말을 보고 마치 빗방울이 떨어지듯 눈물을 철철 흘렸다.

다음 날 아침 왕자와 병사들이 나와 보니 기둥에 있던 말이 사라지고 없었다. 병사가 아랫마을에서 병사들이 사라지고 있다는 전갈을 왕자에게 가지고 왔다. 왕자가 대신을 불러 말했다.

"가서 무슨 일이지 알아봐."

대신에게 50킬로그램의 망치와 2미터 길이의 집게를 주었다. 대신이 떠났다. 그는 강으로 가서 토굴 입구에 서서 망을 보았다. 갑자기 물에서 말이 나와 토굴로 가는 것이 보였다. 대신은 망치로 말을 때리려 했으나 망치를 그만 놓쳐 버렸다. 말이 대신을 때려 온몸에 멍이 들었다. 대신은 도로 왕자가 있는 곳으로 도망쳐 왔다.

"말이 때려서 온몸에 멍이 들었어요. 겨우 목숨만 건져 살아왔어요."

"알았어. 내가 갈게."

왕자가 출발했다. 흰 보자기를 깔고 토굴 그늘에 앉아 있었다. 갑자기 물에서 말이 나와 토굴로 갔다. 왕자가 말의 이마 정중앙을 망치로 때렸다. 망치는 빗맞았다. 왕자가 집게로 말의 얼굴을 집자 말이 보자기 위로 날아올랐다. 말은 왕자 주위를 맴돌았다. 왕자가 소리쳤다.

"땅의 용사! 어디 있어?"

땅의 용사가 왔다.

"무슨 일이세요?"

"지금 이 말이 나를 죽이려고 해. 난 힘이 빠졌어."

땅의 용사가 주먹으로 말을 때렸다. 말의 입이 두 동강 났다. 말이 쓰러졌다. 용사는 말을 쇠기둥으로 끌고 가서 사슬로 묶었다. 기둥에 두 줄로 묶었다.

왕자는 태양의 왕이 다스리던 왕국의 왕이 되었다.

일곱 아이 이야기

할아버지가 할머니와 살았다. 그들은 일곱 명의 아이들을 얻게 되었다. 할아버지는 아이들과 함께 살다가 더 이상 같이 살 수가 없었다. 할아버지는 아이들을 버리기로 결심했다. 아이들을 숲에 데려갔으나 아이들은 도망갔다.

다음 날 아침 할아버지가 일어나 보니 아이들이 집에 돌아와서 잠자고 있었다. 할아버지는 다시 아이들을 숲으로 데려가서 버리고 왔으나 아이들은 또 집으로 돌아왔다.

아이들은 숲에서 길을 잃고 헤매다 집 하나를 발견했다. 집에 들어가니 노파가 앉아 있었다.

"할머니! 먹을 것 좀 주세요."

아이들이 부탁하자 노파가 대답했다.

"너희에게 음식을 줄 수가 없어. 곧 마귀가 돌아와 너희를 죽일 거야."

아이들은 재차 말했다.

"할머니! 먹을 것 좀 주세요."

노파는 아이들에게 먹을 것을 주고 아이들을 숨겼다. 조금 후 마귀가 집에 왔다.

"어디서 셀쿠프인 냄새가 나지?"

노파가 대꾸했다.

"셀쿠프의 하늘을 돌아다니더니 셀쿠프인 생각뿐이군."

마귀는 오랫동안 킁킁거리다가 말했다.

"아니야. 여기서 나는 냄새야!"

노파가 아이들을 보여 주었다. 마귀가 말했다.

"이 아이들에게 음식을 줘."

노파가 아이들에게 음식을 주었다. 마귀가 말했다.

"이 아이들을 문 옆 현관에서 재워."

아이들은 밖으로 나갔다. 현관에는 마귀의 일곱 딸이 자고 있었다. 아이들은 자신의 모자를 벗어 마귀의 딸들 머리에 씌운 다음 떠났다.

저녁에 마귀가 밖으로 나가 아이들인 줄 알고 딸들의 머리를 잘랐다.

"할망구! 내일 아침에 아이들의 창자를 꺼내 와. 아침에 먹을 거야."

아침에 마귀는 아이들이 아니라 자신의 딸들의 머리를 잘랐다는 것을 알게 되었다. 마귀는 하늘을 나는 장화를 신고 날아갔다. 마귀는 아이들을 잡으러 오랫동안 날아다녔다. 그러나 아이들은 깊은 계곡을 기어갔기 때문에 눈에 띄지 않았다. 마귀가 말했다.

"도대체 어디로 간 거야?"

마귀는 오랫동안 날아다녔다. 하늘을 한 바퀴 돌았다. 그러다 다시 돌아와서 굽은 나무에 앉았다. 아이들이 숨은 곳 바로 옆에 있는 나무였다. 마귀는 앉아서 발을 아래로 뻗은 채 잠이 들었다. 제일 나이가 많은 아이가 가만히 나와 마귀가 신고 있는 장화를 벗겨서 자기가 신었다. 그런 다음 다른 쪽 장화도 마저 신었다. 그리고 노파에게 날아갔다.

"할머니! 러시아 상인들이 할아버지를 붙잡았어요. 빨리 금이 든 자루를 가져오세요. 할아버지가 그렇게 시켰어요."

노파는 자루에 금을 채워 아이에게 주었다. 아이는 자루를 메고 떠났다. 아이는 동생들에게 와서 동생들을 태우고 집으로 날아갔다. 마귀는 굽은 나무 위에 그대로 앉아 있었다.

아이들은 집으로 돌아와서 할아버지에게 졸랐다.

"할아버지! 아무 얘기나 해 주세요."

할아버지는 이야기를 하기 시작했다.

"옛날에 일곱 아이가 있었어. 그러나 나는 그들을 키울 수가 없었지. 그래서 아이들을 숲에 데리고 가서 버렸어."

그때 아이들이 말했다.

"할아버지는 우리를 죽으라고 숲에 버렸지만 우리는 할아버지에게 금이 든 자루를 가져왔어요."

푸치카 추리카

어느 날 푸치카 추리카가 집에 혼자 있었다. 엄마는 물고기를 가두는 곳으로 가고 아버지는 꿩 사냥을 갔다. 형은 까투리 사냥을 나갔다. 그래서 푸치카 추리카는 집에 혼자 있게 되었다. 소년은 엄마의 칼을 들고 부뚜막 옆에서 통나무를 자르고 있었다. 그때 마귀가 집 밖에서 소리치기 시작했다.

"얘야! 엄마는 어디 갔니?"

"물고기 가두는 데 갔어요."

"네 엄마를 잡으러 가야겠다."

"절대로 엄마를 잡을 수 없어요! 엄마가 큰 도끼로 당신을 두 동강 내서 한쪽은 하늘에 던지고 다른 한 쪽은 땅에 버릴 거예요."

"아버지는 어디 갔니?"

"꿩 사냥을 하러 갔어요."

"네 아버지를 잡으러 가야겠다."

"아버지를 절대로 잡지 못해요. 만일 아버지를 잡으려고 하면 아버지가 큰 칼로 당신을 두 동강 내서 한쪽은 하늘에 던지고 다른 한쪽은 땅에 버릴 거예요."

"형은 어디 갔니?"

"까투리 사냥을 갔어요."

"네 형을 잡으러 가야겠다."

"형을 절대로 잡을 수 없어요. 형이 당신을 두 동강 내서 한쪽은 하늘에 던지고 다른 한쪽은 땅에 버릴 거예요."

마귀가 집으로 들어왔다. 푸치카 추리카는 나무 기둥 아래로 기어 들어갔다. 칼을 소매 속에 숨겼다. 마귀가 국자를 때리며 말했다.

"푸치카 추리카는 어디로 갔어?"

국자가 말했다.

"말하지 않을 거야. 푸치카 추리카는 절대 어떤 음식도 먼저 먹지 않아. 나에게 항상 먼저 먹도록 해 줘."

마귀가 솥을 때리며 말했다.

"푸치카 추리카는 어디로 갔어?"

솥이 말했다.

"말하지 않을 거야. 푸치카 추리카는 절대 어떤 음식도 먼저 먹지 않아. 나에게 항상 먼저 먹도록 해 줘."

마귀는 바닥으로 기어갔다. 나무를 때리며 말했다.

"푸치타 추리카는 어디로 갔어?"

"오늘 내 등을 자르더니 지금은 내 밑에 앉아 있어!"

마귀는 푸치카 추리카를 삼켰다. 푸치카 추리카는 칼로 마귀의 배를 찌르기 시작했다. 마귀는 몸을 배배 꼬기 시작했다.

"내 배를 누군가가 찔러."

푸치카 추리카는 마귀의 배를 가르고 밖으로 나왔다. 마귀는 집에서 튀어나와 달아났다.

엄마가 집에 와서 소리쳤다.

"푸치카 추리카! 물고기 묶는 것을 가져와!"

푸치카 추리카가 말했다.

"마귀가 나를 삼켰어요. 마귀가 나를 삼켰어요!"

아버지가 왔다.

"푸치카 추리카! 꿩 묶는 것을 가져와!"

"마귀가 나를 삼켰어요. 마귀가 나를 삼켰어요!"

형이 왔다.

"푸치카 추리카! 까투리 묶는 것을 가져와!"

"마귀가 나를 삼켰어. 마귀가 나를 삼켰어!"

모두들 횃불을 들고 집 안으로 들어갔다. 집 안에는 온몸에 더러운 것이 묻은 푸치카 추리카가 앉아 있었다. 엄마가 푸치카 추리카를 닦아 주었다.

불의 주인

옛날 옛적의 일이다. 마을에 사람들이 살았다. 마을에는 네 채의 집이 있었다. 어느 날 남자들은 모두 사냥을 하러 나갔고 집에는 여자들과 아이들만 남았다. 여자들과 아이들은 남자들 없이 사흘을 살았다. 사흘째 되는 날 저녁에 한 여자가 음식을 끓이기 위해 장작을 패러 밖으로 나갔다. 장작을 패서 집으로 와 화덕에 장작을 넣었다. 그리고 여자는 불 옆에 앉아 아기에게 젖을 먹였다. 불길은 활활 잘 탔다. 여자는 몸이 따뜻해졌다. 갑자기 불씨 하나가 불에서 나와 젖을 물고 있던 아기에게 떨어졌다. 아기는 울기 시작했다. 여자가 벌떡 일어나 불을 꾸짖었다.

"무슨 짓이야? 내가 너에게 장작을 넣어 주었는데 내 아이에게 화상을 입히다니. 장작을 주지 않을 거야. 도끼로 때려 줄 거야. 물을 끼얹어 끌 거야!"

여자는 아기를 요람에 누인 후 도끼를 들고 불을 향해 휘두르기 시작했다. 물이 든 솥을 가져와서 불에 부었다.

"자! 이제 또 내 아들을 뜨겁게 해 봐! 한 번에 완전히 꺼졌으니 불씨는 하나도 없어!"

불은 더 이상 타오르지 않았다. 집은 어두웠고 추웠다.

아기는 추워서 더 크게 울어 댔다. 여자는 사태를 파악했다. 급히 불을 다시 피우려고 했다. 열심히 불어 댔지만 아무리 노력해도 불을 살릴 수 없었다. 불씨가 하나도 남아 있지 않았다. 아기는 점점 더 크게 울었다.

여자는 생각했다.

'옆집에 뛰어가서 불씨를 얻어 와 불을 피워야지.'

여자는 옆집으로 뛰어갔다. 문이 열려 있었고 모닥불은 꺼져 있었다. 여자는 다른 집으로 갔다. 화덕의 불은 이미 꺼져 있었다. 마을의 여자들은 불을 피우려 애썼으나 모두 헛수고만 할 뿐이었다. 불씨는 하나도 남아 있지 않았다. 여자는 밖으로 다시 나왔다. 다른 집으로 달려갔다. 문이 조금 열려 있었다. 화덕의 불은 역시 꺼져 있었다. 여자는 집 안으로 들어가지도 않고 문을 닫았다. 여자는 다른 집으로 달려갔다. 거기도 역시 문이 조금 열려 있었다. 불은 꺼져 있었다. 여자는 다시 자신의 집으로 달리기 시작했다. 가는 길에 한 집이 눈에 들어왔다. 거기는 불이 타고 있었다. 여자의 할머니 집이었다. 여자는 할머니 집으로 뛰어갔다. 문으로 다가가자 불길이 픽하고 김을 내뿜더니 꺼졌다. 할머니가 여자를 나무라기 시작했다.

"무슨 일이니? 네가 들어오니까 불이 꺼졌어. 네 화덕의 불을 화나게 한 거 아니니? 이 멍청아!"

여자가 울었다. 온 마을에 불이 사라졌다. 누구도 불을 붙일 수 없었다. 어둡고 추웠다.

할머니가 말했다.

"네 집에 가 보자. 네가 무슨 짓을 했는지 봐야겠어."

여자는 할머니와 자신의 집으로 갔다. 집에 도착하니 어둡고 추운 집에서 아들이 울고 있었다. 할머니는 유황 성분을 가지고 있는 나무를 잡더니 비비기 시작했다. 그러나 아무리 열심히 비벼도 아무것도 나오지 않았다. 할머니는 무릎을 꿇고 화덕을 바라보았다. 어두워서 아무것도 보이지 않았다. 그런데 아주 희미하게 무언가 보였다. 거기에 한 노파가 앉아 있었다. 노파의 살갗은 불타는 것 같았다. 노파가 할머니에게 말했다.

"무슨 애를 그렇게 써? 네 손녀가 나를 화나게 했어!"

할머니가 물었다.

"어떻게 화나게 했는데요? 무슨 일이 있었는지 도통 모르겠어요."

"내 눈에 물을 부었어. 얼굴을 쇠로 때렸어. 저 무식한 게 왜 그랬는지 모르겠어."

할머니가 더 화를 냈다.

"저 멍청이가 무슨 일을 저지를 거라고 제가 전에도 말했잖아요! 불의 주인님! 화내지 마세요. 불을 주세요!"

불의 주인은 잠자코 있었다. 할머니는 오랫동안 빌었다. 마침내 불의 주인이 말했다.

"네 손녀가 아이를 내놓으면 불을 줄게. 너희들은 그 아이의 심장으로부터 불을 얻게 될 거야. 그 아이의 심장으로부터 불이 생겼다는 것을 기억하게 될 거야. 그것을 가슴에 품게 될 거야!"

아기 엄마는 더 슬피 울기 시작했다. 할머니가 말했다.

"일곱 가족이 너 때문에 불 없이 살게 될 거다. 어떻게 불 없이 살겠니? 아들을 주어라!"

여자는 아들을 내주었다. 불의 주인이 말했다.

"이제부터 모든 셀쿠프인들이 영원히 알아야 할 것이 있다. 절대로 쇠로 불을 때리면 안 돼. 아주 꼭 필요한 경우에만 쇠로 불을 건드릴 수 있어. 그럴 경우 미리 간청해서 허락을 받아야 해. 모든 일곱 가문 사람들은 내 말을 명심하고 지켜!"

그리고 불의 주인은 손가락으로 장작을 건드려서 불을 피어오르게 한 다음 여자의 아기와 함께 불길 속으로 몸을 숨겼다.

할머니가 여자에게 말했다.

"네 아들의 심장으로 네가 불을 지폈다는 전설이 여기에서 나오게 되었구나."

티시야

티시야란 이름의 사람이 살았다. 그에게는 아들과 딸이 있었다. 티시야 가족은 평온하게 잘 살았다. 그런데 전쟁이 터졌다. 히시야란 사람이 티시야를 죽이고 그의 재산을 몰수했고 티시야의 아들과 딸을 외딴집에 갖다 버렸다. 티시야의 아이들에게 아버지 재산 중 남은 것이라곤 다시 자라는 털을 가진 사슴뿐이었다. 티시야의 아들은 오랫동안 앉아서 앞으로 어떻게 살아야 할지 곰곰이 생각했다. 그는 일을 하기 시작했다. 무엇보다 먼저 남매가 버려진 집에 자라난 침엽수 가지부터 잘라냈다. 남매는 그 집에서 살았다. 어느 날 오빠가 누이동생에게 말했다.

"너는 집에 있어. 내가 먹을 것이 있나 보고 올게."

청년은 숲으로 갔다. 누이동생은 울며 집에 혼자 남게 되었다. 청년은 숲에서 사냥용 올가미를 만들기 시작했다. 한나절 동안 올가미 세 개를 만들었다. 청년은 올가미를 세워 놓고 집으로 돌아갔다.

다음 날 청년은 올가미를 살피러 숲으로 갔다. 올가미에 새 한 마리가 걸려들어 있었다. 청년은 새를 꺼낸 후 또 올가미 세 개를 만들었다. 여섯 개의 올가미를 세워 놓고 집으로 갔다. 집에 와서 새를 삶아 절반은 먹어 치우고 나머지 절반은 나중에 먹으려고 남겨 두었다.

다음 날 청년은 다시 올가미를 보러 갔다. 올가미 두 개가 넘어져 있었다. 가까이 다가가서 보니 새 두 마리가 걸려 있었다. 청년은 새를 꺼내고 또다시 올가미 세 개를 만들었다. 총 아홉 개의 올가미를 설치하고 집으로 갔다. 또다시 동생과 함께 새의 절반을 먹어 치우고 나머지 절반은 아껴 두었다.

다음 날 아침 청년은 다시 올가미를 보러 숲으로 갔다. 다가가서 보니 올가미 세 개가 넘어져 있었다. 안에 새 두 마리가 있었다. 세 번째 올가미에는 뭔가 검은 짐승이 있었다. 청년은 생각했다.

'아마 운이 없는 까마귀가 잡혔을 거야. 멍청한 새야! 어쩌자고 내 올가미로 기어들었니?'

청년은 까마귀를 꺼내려고 올가미로 다가갔다. 그런데 까마귀가 아니라 검은 여우가 있었다. 청년은 너무 기뻤다. 청년은 여우를 꺼낸 후 올가미를 다시 세워 놓고 집으로 갔다. 남매는 새 한 마리를 반반씩 나눠 먹었다. 그리고 나머지 한 마리는 숨겨 놓았다. 청년은 여우의 털을 벗긴 후 말리려고 걸어 놓았다.

다음 날에도 청년은 올가미 있는 곳으로 갔다. 올가미 세 개가 넘어져 있는 것이 멀리서도 보였다. 세 마리 새가 걸려 들어 있었다. 네 번째 올가미에는 또 검은 여우가 누워 있었다. 청년은 또 세 개의 올가미를 만들어 설치해 두고 집으로 갔다. 남매는 새 한 마리씩을 먹어 치웠다. 그런 다음 청년은 여우 털을 벗겨 매달았다.

다음 날 아침 청년은 서둘러 다시 올가미 있는 데로 갔다. 이번에는 네 마리의 새가 네 개의 올가미에 걸려들었다. 다섯 번째 올가미에는 검은 여우가 있었다. 청년은 재빨리 집으로 돌아갔다. 두 마리 새를 잡아서 남매는 각자 한 마리씩 먹고 나머지 두 마리는 남겨 두었다. 청년은 여우 가죽을 벗겨 마르게 걸어 두고 잠자리에 들었다.

다음 날 아침 청년이 누이동생에게 말했다.

"오늘 오빠가 어디 좀 갔다 올 테니 내가 올 때까지 집에 있어."

청년은 집에서 나와 엉클어진 털을 가진 사슴을 썰매에 매고 가볍게 채찍으로 때렸다. 사슴이 끄는 썰매는 빠르게 달렸다. 눈 위에 거의 닿을락 말락 했다. 마치 꿩의 깃털 끝이 지나간 것 같은 가느다란 흔적을 남겼다.

청년은 계속해서 아무 데나 달렸다. 어디를 지나쳤는지 어디를 가고 있는지 자신도 몰랐다. 갑자기 저 멀리 높은 구릉 하나가 서 있는 것이 보였다. 구릉의 꼭대기가 거의 하늘에 닿아 있었다. 청년은 거기까지 가서 잠깐 숨을 돌리려고 멈췄다. 해는 이미 졌다. 청년은 썰매에 앉아 생각에 잠겼다. 다시 멀리서 무언가가 나타났다. 마치 먹구름이 몰려온 것 같았다. 안개 속에서 사슴들이 빙글빙글 도는 것 같았다. 점점 더 가까이 다가왔다. 툰드라를 다 덮을 것 같은 긴 썰매의 행렬이었다. 행렬이 더 가까워졌다. 맨 앞에 사람을 태운 썰매가 가고 있었다. 열두 마리의 사슴이 끌고 있었다. 사슴들은 절뚝거렸다. 힘들게 썰매를 끌고 갔다. 양 어깨는 마치 물통을 멘 것처럼 축 처져 있었다.

썰매 행렬이 가까이 다가왔다. 한 썰매에서 남자가 청년에게 다가와서 물었다.

"어느 땅 출신이니? 어디서 왔니?"

"어디에서 태어났는지 내가 누군지 몰라요. 당신이 처음 묻는 거예요! 아버지와 어머니에게서 나왔는지 나뭇가지 사이에서 나왔는지 저는 몰라요. 이름이 어떻게 되세요?"

"내 이름은 히시야다."

"그럼 제 이름은 티시야예요."

"아, 네 아버지 이름이 티시야구나! 알아. 알아. 예전에 내가 티시야란 사람을 죽였지. 그래. 기억나. 아들과 딸이 있었어. 그게 바로 너니? 누이동생도 살아 있니?"

"살아 있어요. 그런데 왜 그런 쓸데없는 말을 하고 그러세요? 먹을 거나 좀 주세요. 집에 누이동생이 굶주리고 있어요."

"좋아. 썰매 뒤에 먹을 것이 있어."

노인은 뒤돌아서서 몸을 구부리고 썰매를 뒤지더니 무언가 꺼냈다. 병인 것 같았다. 청년은 혹시 술이 아닐까라고 생각했다. 여태까지 한 번도 술을 본 적이 없었다. 그러나 술이란 것이 있다는 말은 들어 본 적이 있었다. 히시야 노인이 말했다.

"이리 와! 이 술을 마시자."

"어떻게 술이 다 있어요? 어떻게 마셔야 하는 거예요? 이제까지 살아오면서 술은 마셔 본 적도 없고 본 적도 없어요! 음! 좋아요. 선의로 주는 거라면 마시죠."

히시야 노인이 또다시 말했다.

"더 가까이 와."

청년은 마지못해 그에게로 발걸음을 옮겼다. 노인은 술을 코앞에 들이댔다. 청년은 술을 삼켰다. 목이 타는 것 같았다. 그러나 달기도 했다. 또 들이켰다. 아주 달게 느껴졌다. 다리가 가벼워졌다. 히시야 노인은 술을 치우고 나서 갈 준비를 하면서 청년에게 말했다.

"행렬 뒤에 가면 음식이 있으니 가져가."

행렬은 앞으로 출발했다. 열두 마리 사슴은 절뚝거리며

힘들게 썰매를 끌었다. 노인 뒤에 긴 행렬이 늘어서 있었다.

청년은 썰매를 세기 시작했다. 힘들게 셌다. 여자들이 탄 썰매가 서른두 개였다. 그들 가운데 처녀인지 젊은 아기 엄마인지 모를 그런 여자가 타고 있었다. 마치 물의 요정 같았다. 청년이 그녀에게 말했다.

"말해 봐요. 사람이에요? 아니면 새예요? 아니면 물의 요정이에요? 사슴을 세워 봐요."

여자는 고삐를 내려놓고 말했다.

"무슨 말을 하는 거예요? 아이고! 티시야! 간이 얼마나 크길래 히시야와 술을 마시고 떠들어 대는 거예요! 히시야가 마을에서 내 아버지와 어머니, 오빠들을 죽이고 나를 자기 집에 데려가는 거예요."

"그런 말 하지 말고 먹을 거나 좀 줘요."

여자는 썰매를 풀고 덮개를 열고 사슴 고기를 청년에게 주었다. 다시 썰매를 묶었다. 행렬은 앞으로 움직였다.

청년은 오랫동안 앉아서 생각했다.

'히시야 노인을 따라가야 하나? 그에게 그렇게 맛있는 술이 있는데.'

청년은 사슴 고기를 던져 버리고 히시야의 뒤를 따라갔다.

저녁이 되어 히시야는 멈췄다. 그때 뒤에서 티시야가 나타났다.

"티시야! 여긴 웬일로 왔어?"

"할아버지에게 있는 그 맛있는 술을 마시러 왔어요."

"좋아. 집으로 들어가자."

두 사람은 집으로 들어갔다. 여자들이 상석에 사슴 가죽을 깔아 주었다. 티시야가 거기에 앉았다. 히시야 노인은 아까 그 처녀와 나란히 앉았다. 술통을 집 안으로 끌고 와서 앞쪽 구석에 세워 놓았다. 국자로 술을 퍼서 마셨다. 히시야는 자신에게 아내가 서른 명이고 자신이 아내들에게 각자 집을 지어 주었다고 자랑하기 시작했다. 갑자기 히시야가 물었다.

"티시야! 누이동생은 살아 있니?"

"살아 있어요."

"예뻐?"

"저보단 조금 나아요."

"티시야! 네 동생을 나에게 줘. 원하는 것을 다 줄게."

티시야는 히시야 노인이 입고 있는 옷의 허리띠가 죽은 아버지의 것이라는 것을 알아보았다. 티시야는 잠자코 있다가 말했다.

"다른 것은 필요 없고 당신의 칼을 꽂은 허리띠를 주세요."

히시야는 그대로 앉아서 잠시 아무 말도 하지 않았다. 히시야가 마침내 대답했다.

"하! 하! 어떻게 이걸 줘? 내 생명이 여기에 있는데. 이 허리띠 때문에 내 모든 사슴들과 다른 재산이 생긴 건데."

티시야가 물었다.

"젊은 아내가 생기는 데도 주지 않을 거예요? 동생을 드릴게요. 그리고 검은 여우 세 마리도 드리죠."

히시야는 오랫동안 아무 말이 없었다. 마치 잠자는 것처럼 보였다. 히시야가 마침내 말했다.

"좋아. 네가 이겼어. 누이동생과 세 마리 여우를 주는 조건으로 이 허리띠를 가져가. 허리띠가 영원히 네 손에 있게 되지는 않을 거야. 어쨌든 언제가 됐건 내가 뺏어 올 테니까."

노인은 청년을 끌어안았고 악수를 했다. 히시야는 한 손으로 허리띠를 풀어서 티시야에게 던졌다. 티시야는 허리띠를 받아 자기 허리에 둘렀다. 그런 다음 두 사람은 다시 술을 마시기 시작했다. 얼마나 많이 마셨는지 히시야는 쓰러져 잠이 들었다. 히시야가 잠든 사이 노인의 아내들이 티시야에게 말했다.

"그를 죽여. 뭘 보는 거야!"

티시야가 말했다.

"어떻게 아무 죄도 없는 사람을 죽인단 말이오? 그는 나에게 어떤 나쁜 짓도 하지 않았는데."

다음 날 아침 티시야는 집으로 떠났다. 집에 들어가니 여동생이 앉아서 그를 기다리고 있었다. 티시야가 말했다.

"내가 너를 어떤 사람에게 준다고 약속했어."

누이동생은 그 말을 듣고 오열했다. 티시야는 그냥 앉아 있기만 했다. 그러다 곤히 잠들었다. 자정이 다가왔다. 여동생 귀에 밖에서 종소리가 나는 것이 들렸다. 조금 후 한 남자가 크게 떠드는 소리가 들렸다. 여동생은 놀라서 오빠를 깨우기 시작했다. 오빠는 미동도 하지 않았다. 그러자 여동생은 도끼를 들고 청년의 엉덩이를 때렸다. 청년이 바로 깨어났다.

"무슨 일이야?"

청년이 들어 보니 히시야가 밖에서 집 주위를 돌아다니며 떠들고 있었다.

"티시야! 누가 내게 예쁜 여동생을 준다고 했더라? 누가 내 허리띠를 가져갔더라?"

티시야가 튀어나가 문을 걸어 잠그고 칼을 꺼냈다. 그때 히시야는 문을 열고 어디에 아름다운 티시야의 여동생이 있나 하고 안을 들여다봤다. 그러고 나서 집 안으로 기어 들어왔다.

"내가 여기 왔어!"

히시야의 머리와 목이 쑥 들어오자 티시야는 달려들어 노인의 목을 칼로 잘랐다. 티시야가 동생에게 말했다.

"옷 입어!"

동생은 옷을 입었다. 티시야는 노인의 시신을 오래된 집으로 끌고 갔다. 그리고 나무를 노인의 몸에 놓은 후 불을 붙였다. 자신의 사슴을 죽여 히시야의 시신 위에 놓고 같이 태웠다. 청년은 히시야의 썰매를 타고 강으로 갔다. 가면서 노래를 불렀다.

"신이여! 제가 죄를 저질렀습니다. 벌은 주지 마세요!"

청년은 히시야의 집으로 와서 서른 명의 아내들을 풀어 주었다.

"집으로 가세요! 고향으로 돌아가세요."

티시야는 예전에 자신에게 음식을 주었던 그 여자만 남겨 두었다. 사슴들을 전부 여자들에게 나눠 주고 그 여자의 사슴만 남겨 두었다. 그렇게 그들은 함께 오랫동안 살았다.

어느 날 티시야가 아내에게 말했다.

"혹시 당신 오빠들에게 타고 다닐 사슴이 있었어?"

"네. 산 아래 노란 사슴 세 마리가 있어요. 그 사슴들은 코끝이 하얘요."

티시야는 산 아래로 내려갔다. 코에 흰 반점이 있는 세 마리 사슴이 가축 떼 사이를 다니고 있었다. 티시야는 올가미를 모았다. 사슴 떼가 그의 옆을 지나갔다. 티시야는 올가미를 던졌다. 가장 큰 사슴의 목에 걸렸다. 티시야는 사슴을 집으로 끌고 갔다. 다른 두 마리 사슴도 알아서 큰 사슴 뒤를 따라 왔다. 맘모스의 송곳니로 만든 기둥의 썰매 하나를 끌고 와서 사슴들을 묶었다. 티시야는 집으로 가서 얼룩무늬 털외투를 입고 해리 가죽 장화를 신고 밖으로 나왔다. 털외투 안에는 모피로 가장자리를 두른 상의를 입었다. 맘모스 송곳니로 만든 막대기가 달린 썰매를 타고 갔다. 코에 흰 반점이 있는 사슴들은 썰매를 잘 끌었다. 머리를 흔들며 먹구름의 가장자리, 하늘을 따라 갔다. 어디건 그렇게 잘 달렸다. 달리다가 보니 호수 근처였다. 썰매는 호숫가로 내려갔다. 티시야는 썰매를 타고 가다가 반대편에 사람을 실은 썰매 세 대가 오는 것을 보았다. 그가 있는 곳으로 다가왔다. 첫 번째 썰매는 세 마리 흰 사슴이 끌고 있었는데 흰 요가 썰매 위에 깔려 있었고 썰매를 탄 사람은 흰 털외투를 입고 있었다. 두 번째 썰매는 얼룩무늬 사슴이 끌고 있었는데 얼룩무늬 요가 깔려 있고 얼룩무늬 옷을 입은 사람이 타고 있었다. 마지막 썰매는 검은 사슴이 끌고 있었고 검은 털옷을 입은 사람이 타고 있었다. 썰매들이 티시야 옆에서 멈췄다. 썰매에 타고 있던 사람들이 물었다.

"어디 사람이니?"

"당신들은요?"

"우리는 히시야의 동생들이야. 우리는 러시아 땅을 돌아다니다가 다시 집으로 돌아가는 길이야. 얼마 전에 우리 큰 형이 이쪽으로 유목을 떠났어. 어디 사람이니? 여기서 우리 형을 보지 못했어?"

"얼마 전에 여기 어떤 노인이 왔었어요. 내가 그를 죽였어요. 죽인 이유가 있어요. 저는 죄가 없는 사람을 죽이지는 않아요. 그가 내 아버지를 죽였어요. 그가 죽은 아버지의 허리띠를 하고 있는 것을 봤어요. 그래서 죽였어요."

"오! 너 말 한번 잘했다. 너를 벌주라고 신이 우리를 보낸 거야."

동생들은 티시야에게 달려들었다. 티시야는 썰매에서 뛰어나와 맘모스 뼈로 만든 막대기로 히시야의 동생들을 치기 시작했다. 결국 그들의 팔과 다리가 부러졌다. 티시야는 그들을 썰매에 앉히고 사슴들을 돌려 고삐를 잡았다가 다시 놓으며 말했다.

"가서 너희들의 군대를 모아라!"

팔다리가 없는 그들이 어디로 가겠는가? 사슴들은 오던 길로 다시 갔다. 티시야 역시 오던 길로 갔다. 티시야는 집에 도착해서 사슴들을 풀어 주었다. 티시야는 집에 들어와서 아내에게 한 마디도 하지 않았다. 그렇게 오랫동안 살았다.

어느 날 아침 티시야가 아내에게 말했다.

"아마 오늘 전쟁이 시작될 거야. 얼마 전에 내가 길을 가다가 히시야의 동생들을 때렸어. 그들을 돌려보내 군사를 모으라고 시켰어. 오늘 병사들이 반드시 올 거야. 어젯밤 꿈에 보였어."

티시야는 밖으로 나가서 흰 코의 노란 사슴을 썰매에 묶은 후 아내에게 물었다.

"혹시 당신 아버지나 오빠가 살아 있었을 때 칼이나 활 같은 것이 있었어?"

"잘 몰라요. 무기가 있었는지 없었는지."

아내는 밖으로 나가 썰매를 뒤졌지만 아무것도 발견하지 못했다. 티시야도 아내 뒤를 따라갔다. 아내가 아무것도 찾지 못하자 티시야는 외투를 입고 도끼를 들어 썰매에 넣었다. 아내와 여동생은 울며 가지 말라고 티시야를 붙잡았다. 티시야는 썰매를 타고 떠났다. 사슴들은 항상 그랬듯이 잘 달렸다. 거의 하늘에 떠 있는 구름까지 날아갈 기세였다. 티시야는 예전에 왔던 그 호수에 도착했다. 티시야는 호숫가에서 멈춰 썰매를 세웠다. 호수 반대편에 끝이 보이지 않을 정도로 수많은 썰매가 있는 것이 보였다. 그들은 호수 중

간쯤 오자 티시야를 발견하고 화살을 쏘기 시작했다. 화살은 마치 빗방울처럼 티시야를 향해 쏟아졌다. 티시야는 계속 바라보다가 혼잣말을 했다.

"왜 내가 여기 가만히 있지?"

티시야는 썰매에서 튀어나와 썰매의 침상으로 사용되는 맘모스 뼈로 만든 막대기를 들고 산 아래로 돌진했다. 호수에는 얼음들이 깨져서 삐죽삐죽 나와 있었다. 둘러보니 마치 깨끗한 툰드라가 펼쳐진 것 같았다. 적들은 얼음 사이로 빠졌고 살아남은 자들은 도망치기 시작했다. 몇몇은 제정신이 아닌 듯 서로를 칼로 찌르며 서로를 향해 소리치고 있었다.

"네가 나를 속여 이리로 데려왔지?"

티시야는 썰매에 앉아 있다가 도망가는 사람들을 따라가서 화살을 쏘았다. 그런 다음 사슴들을 집으로 돌려보냈다.

티시야는 저녁에야 집으로 돌아왔다. 그 이후 티시야는 아내와 함께 행복하게 잘 살았다.

켄게르셀랴

세 형제가 살았다. 어느 날 그들은 집에서 대화를 나누었다. 하나가 말했다.

"맞혀 봐. 우리가 부자로 살까? 아니면 거지로 살까?"

첫째가 말했다.

"우리 집에는 밀가루와 온갖 종류의 음식이 많을 것 같아."

둘째가 말했다.

"우리 집에는 금이 엄청 많이 쌓여 있을 것 같아."

켄게르셀라라는 이름을 가진 막내가 말했다.

"두 형들은 가난하게 살 것 같아요. 밀가루도 금도 없을 거예요. 내게 와서 쌀겨를 달라고 할 거예요."

형들은 화를 냈다.

"네가 악담을 하는구나! 죽고 싶어 환장을 하는구나! 그러나 동생을 어떻게 죽이겠니? 너를 숲으로 끌고 가 나무 밑에 두고 올 거야. 너는 혼자 살아."

형들은 켄게르셀랴를 숲에 버리고 왔다. 켄게르셀랴는 그렇게 혼자 살게 되었다.

어느 날 켄게르셀랴는 영주가 내린 칙령을 듣게 되었다.

누구든 7층의 큰 배를 만들어 오면 자신의 딸을 아내로 맞이하게 해 준다는 것이었다. 켄게르셀랴에게는 엄마에게서 받은 마법의 반지가 있었다. 형들 몰래 숨겨 온 반지였다. 형들은 반지가 없어졌다고 생각했다. 켄게르셀랴가 영주에게 가서 말했다.

"제가 그 배를 만들 수 있어요!"

켄게르셀랴는 강가로 가서 반지를 깨문 다음 물에 던졌다. 바로 아주 멋진 7층 배가 바닷가에 정박해 있었다. 영주는 아주 기뻐했고 딸을 켄게르셀랴에게 시집보냈다. 하루는 켄게르셀랴가 강가의 얼음 구멍으로 가서 귀를 기울였다. 물속 깊은 곳 일곱 번째 여울에서 용사들이 자신에 대해 이야기를 하고 있었다.

"켄게르셀랴가 어디선가 아내를 얻어 부자가 되었다나 봐. 그를 죽이러 가야겠어."

켄게르셀랴는 집으로 돌아왔다. 다음 날 아침 짐을 꾸려 아내와 함께 강으로 가서 말했다.

"만일 3년이 지나도 나에 대해 아무 소식이 들리지 않으면 죽었다고 생각해."

켄게르셀랴는 그렇게 말한 후 떠났다. 걸어서 강 하류 여울에 다다랐다. 한 노인이 물고기를 잡는 게 보였다. 노인은 큰 물고기를 잡았다. 켄게르셀랴가 조용히 다가가서 말했다.

"할아버지! 뭐 하세요?"

노인이 깜짝 놀라 소리를 질렀다.

"어떻게 여기 온 거야? 너는 돼지 멱따는 목소리를 내는구나. 왜 네가 이리로 오게 된 거지? 우리 땅에는 헤엄을 치거나 날아다니는 짐승은 없는데 너는 어디서 왔니?"

"소리칠 필요 없어요. 놀러 왔어요. 먼저 먹을 것 좀 주세요."

노인은 그를 집으로 데려갔다. 노인은 생선과 생선 알을 준 다음에 말했다.

"더 아래로 내려가면 내 동생이 있을 거야. 물고기를 잡고 있을 거야. 거기에 가 봐."

켄게르셀라는 출발했다. 강에는 그물이 쳐져 있었다. 사람이 친 그물이 아니었다. 날개를 닮은 지느러미와 비늘을 가진 작은 물고기가 물속에서 헤엄을 치고 있었다. 비늘과 지느러미는 마치 깃털처럼 뾰족했다. 강에서 강변 쪽으로 작은 길이 나 있었다. 켄게르셀라는 길을 따라갔다. 집이 하나 서 있었다. 집 안으로 들어갔다. 노파가 있었다. 노파의 눈은 빨갰고 아파 보였다. 노파가 켄게르셀라를 보고 말했다.

"우리 땅에는 헤엄을 치거나 날아다니는 짐승이 살지 않아! 어떻게 여기 온 거야? 내 아들이 너를 잡아먹을 거야."

"당신 아들 중 하나가 나에게 먹을 것을 주고 나에게 당신에게 가 보라고 말했어요. 혼내지 말고 먹을 것을 좀 주세요."

노파는 켄게르셀랴에게 먹을 것을 준 다음 말했다.

"네게 음식을 주긴 했지만 난 네가 불쌍해. 멍청아, 왜 여기까지 온 거야? 내 아들들이 어떻게든 너를 잡아먹을 거야. 어디에 너를 숨겨야 하니?"

노파는 오리털 베개를 들고 와서 켄게르셀랴를 숨기고 자신이 베개를 베고 누웠다. 곧 밖에서 시끄러운 소리가 났다. 노파의 아들들이 모두 함께 방으로 들어와서 노파에게 물었다.

"우리가 켄게르셀랴를 이리로 보냈는데 오지 않았어요? 그를 보지 못했어요?"

노파가 말했다.

"무슨 소리야? 켄게르셀랴라니? 이 땅에는 헤엄을 치거나 날아다니는 짐승은 없어. 어떤 켄게르셀랴도 난 몰라."

"우리를 속이지 마세요. 엄마 입가가 더러워졌어요. 거짓말을 하고 있기 때문이죠."

아들들은 노파를 꼼짝 못하게 잡은 후 방을 뒤지기 시작했다. 베개를 발견하고 찢었다. 켄게르셀랴를 끄집어내 바닥에 내동댕이쳤다. 그리고 음식을 먹기 시작했다. 음식을 먹은 후 방 안에 빙 둘러서서 마치 공처럼 켄게르셀라를 서로 미는 놀이를 하기 시작했다. 켄게르셀라는 어지러웠다. 그러면서 속으로 생각했다.

'저들의 손을 뿌리쳐 빠져나온 후 문 옆으로 가야겠다.'

켄게르셀라는 생각한 대로 했다. 문 옆에 서 있던 노인은 그를 붙잡지 않았다. 켄게르셀라는 달렸다. 켄게르셀라는 강으로 뛰어들어 작은 물고기로 변했다. 마귀들은 켄게르셀라를 따라갔다. 그들도 강으로 뛰어들었다. 그들은 대구로 변한 다음 계속 켄게르셀라를 따라갔다. 켄게르셀라는 강가에 다다르자 다시 사람으로 변했다. 앞으로 걸어가다 뭔가 쇳소리를 내며 다가오는 것을 보았다. 눕 용사의 아들이었다. 그는 일곱 개의 섬을 끌고 가고 있었다. 켄게르셀라가 말했다.

"용사님! 저를 좀 구해 줄 수 없으세요? 마귀들이 저를 따라오고 있어요. 저를 죽이려고 해요."

눕의 아들이 대답했다.

"누가 나를 구해 주었으면 좋겠어. 아주 오래전에 내 누이의 결혼식에서 내가 나이 든 사람들보다 먼저 식탁의 음식을 집었다고 아버지가 내 식탐에 벌을 주었어. 벌써 아주 오랜 세월 동안 이 일곱 개의 바위를 끌고 있어."

켄게르셀랴가 말했다.

"당신이 나를 도와주면 내가 당신을 도울게요."

그러자 눕의 아들은 오른쪽 장화의 뒤축으로 켄게르셀랴의 발을 밟았다. 그러자 백 킬로그램의 돌이 솟아 나왔다. 마귀들이 눕의 아들에게 다가왔다. 용사가 물었다.

"어디를 가시나?"

"켄게르셀랴를 보지 못했니?"

"어떤 켄게르셀랴를 말하는 거요? 몰라요."

"거짓말하지 마. 입 주변이 더러워졌어."

눕의 아들은 백 킬로그램이나 되는 돌을 마귀들을 향해 던졌다. 마귀들은 흔적도 없이 사라졌고 뼛조각 하나도 남지 않았다. 용사는 발을 들어 켄게르셀랴를 풀어 주었다.

"이제 가서 나를 도와줘."

켄게르셀랴는 까치로 변해 하늘을 날아갔다. 눕에게 날아가서 말했다.

"아들에게 무슨 짓을 한 거예요? 왜 그렇게 심한 벌을 주신 거예요? 혹시 아들을 잊어버린 건 아니에요? 방금 전에 당신 아들이 나를 구해 주었어요. 이제 아들을 용서해 주세요."

눕이 잠자코 있다가 말했다.

"알았어. 어디까지 섬들을 끌고 갔는지 모르지만 거기에

놔두고 오라고 해."

켄게르셀라는 기뻐하며 눔의 아들에게 가서 말했다.

"물론 당신 벌은 끝났어. 여기에 섬들을 던져."

눔의 아들은 일곱 개의 섬을 던졌다. 지금까지 그 섬들은 예니세이 강에 서 있다.

바다 곶 노인의 아들들

바다 곶에 노인이 살았다. 그에게는 아들이 일곱, 딸이 하나 있었다. 어느 날 큰아들이 배를 만들 나무를 찾아 숲으로 갔다. 배 만들기에 딱 좋은 나무를 찾아서 베자 나무가 쓰러졌다. 청년은 나무 꼭대기를 자르기 시작했다. 나무는 굵고 가지가 많아서 자르기가 힘들었다. 청년은 마침내 나무 꼭대기를 잘라 냈다. 일을 마치고 잠시 쉬고 있는데 숲에서 마귀가 나왔다. 마귀가 청년에게 다가와서 물었다.

"애야! 여기서 뭐 하니?"

"배 만들 나무를 자르고 있어요."

노인 마귀가 물었다.

"너희 집은 여기에서 멀어?"

"네. 아주 멀어요."

"같이 너희 집에 가자꾸나."

"아니오. 저는 배를 만들어야 해요."

"나무를 집으로 가져가서 만들면 되잖아."

"어떻게 저 큰 나무를 집으로 가져가요? 그럴 수 없어요."

"애야! 내가 예전에 너처럼 젊었을 때는 나뭇가지가 많이 달린 큰 나무를 베어 꼭대기를 자른 다음 어렵지 않게 힘들이지 않고 집으로 가져갔어. 너는 그렇게 할 수 없단 말이니?"

"할아버지가 한번 해 보세요. 지금도 할아버지는 젊었을 때처럼 나무를 들어 올릴 수 있어요?"

숲의 노인은 돌아서서 나무를 바라본 다음 위로 들어 올렸다. 노인이 말했다.

"됐지? 이제 네가 앞장서. 너희 집이 어딘지 같이 가자꾸나."

청년은 도끼를 들고 집을 향해 달렸다. 숲의 노인은 청년을 따라잡았다. 노인은 청년의 집에 다다르자 나무를 땅에 던지고 청년과 함께 집 안으로 들어갔다. 청년의 아버지가 말했다.

"이분에게 음식을 대접해야 하는데. 뭘 대접하지?"

청년은 불 쪽으로 다가가 앉았다. 화살을 활에 끼우고 화덕을 향해 당겼다. 화살은 재에 떨어졌다. 모두들 조용히 앉아 있었다. 갑자기 불 속에서 화살대가 흔들렸다. 큰아들은 일어나서 화살대로 세 살 된 맘모스 새끼를 꺼냈다.

"이것을 손님에게 대접하세요!"

청년의 여동생이 일어나서 솥을 꺼내 맘모스 새끼를 통째로 넣었다. 물을 붓고 불에 얹었다. 모두들 조용히 앉아서 기다렸다. 청년의 여동생이 솥을 열고 맘모스 고기를 나무 그릇에 담아 숲의 노인 앞으로 가져갔다. 노인은 조금 먹다가 남겼다. 청년의 여동생은 고기를 오빠에게 주었다. 오빠는 고기를 다 먹은 후 국물까지 마셨다. 모두들 식사를 마친 후 앉아 있었다. 숲의 노인 역시 앉아 있었다. 그때 바다 곶의 노인이 자신의 아들들에게 말했다.

"왜 손님이 계속 앉아 있는 거니? 무엇을 더 대접해야 하지?"

바다 곶 노인의 큰아들이 일어나서 털모자를 쓰고 밖으로 나갔다. 꽤 많은 시간이 흘렀다. 바다 곶 노인이 숲의 노인에게 말했다.

"왜 여기 있는 거요? 내 아들이 어디론가 나갔는데 아마 당신을 기다리는 것 같소."

숲의 노인은 못 들은 척 계속 앉아 있다가 마침내 일어나서 밖으로 나가 바닷가로 향했다. 바닷가에 곶이 펼쳐져 있었다. 곶의 꼭대기에는 일곱 개의 쇠기둥이 서 있었다. 일곱 번째 기둥에 노인의 큰아들이 앉아 있었다. 숲의 노인이 큰아들이 앉아 있는 곳으로 다가갔다. 기둥 주변에는 뼈가 수북이 쌓여 있었다. 뼈는 하늘까지 닿을 정도로 높이 쌓여 있었다. 모두 숲의 마귀들의 뼈였다. 숲의 노인은 큰아들을 붙잡고 겨루기 시작했다. 아무리 해도 승부가 나지 않았다. 그러자 숲의 노인이 말했다.

"지혜를 겨루는 것이 더 낫겠다. 바다를 건너자. 우리 중 먼저 도착하는 자가 이기는 거다."

그들은 손을 잡고 날아갔다. 바다 중간까지 오자 숲의 노인은 힘들어지기 시작했다. 바다 곶 노인의 큰아들은 숲의 노인의 손을 잡아끌었다. 조금 후 숲의 노인은 완전히 탈진해서 바다에 떨어졌다. 바다 곶 노인의 큰아들이 숲의 노인의 손을 너무 꽉 쥐고 있어서 삽으로 떼어냈다. 바다 곶 노인의 큰아들은 바다를 건넜다. 그러고 나서 돌아서서 집으로 향했다. 바다 곶 노인의 큰아들은 집에 돌아와서 잠자리에 들었다. 그렇게 한동안 살았다.

어느 날 바다 곶 노인의 큰아들은 다시 좋은 나무를 찾으러 숲으로 갔다. 도끼를 허리에 차고 손도끼를 어깨에 얹었다. 숲을 돌아다녔지만 전부 가지가 많고 굽은 나무들만 눈에 띄었다. 아들의 눈에 굽은 나무 한 그루가 들어왔다. 아들은 손도끼로 나무를 찍었다. 손도끼가 나무에 푹 들어가 나오지 않았다. 아들이 나무 위를 바라보니 숲의 마귀가 손을 뻗은 채 손도끼를 잡고 있었다. 청년은 긴장됐다. 손도끼를 빼서 땅에 던졌다. 그러고는 마귀와 맞붙어 싸우기 시작했다. 둘은 오랫동안 싸웠다. 마침내 숲의 마귀가 무릎을 꿇었다. 마귀의 입에서 피가 거품처럼 나왔다. 청년이 일격을 가하자 마귀가 둘로 갈라졌다. 마귀는 쓰러지며 소리쳤다.

"좋아. 지금은 네가 이겼어. 하지만 두고 봐."

청년은 집으로 갔다. 누구하고도 아무 말도 하지 않고 잠자리에 들었다. 다음 날 아침 청년이 일어나 보니 남동생과 여동생만 살아 있고 다섯 동생과 아버지, 어머니가 다 죽어 있었다. 동생들은 슬피 울고 있었다. 그렇게 청년과 동생들만 살아남게 되었다. 어느 날 청년과 남동생이 여동생에게 말했다.

"너는 집에 있어. 우리는 마귀들을 찾으러 갈 거야. 그들이 우리에게 이런 재앙을 가져왔으니까."

두 형제는 길을 떠났다. 형은 달이 뜨는 쪽으로 갔고 동생은 해가 뜨는 쪽으로 갔다.

이제부터 동생의 이야기다.

동생은 오래 걸었다. 배가 너무 고팠다. 배가 너무 고파 죽을 지경이었다. 그때 발자국이 보였다. 사슴의 발자국이었다. 그는 사슴이 지나간 길을 따라갔다. 사슴 한 마리가 자고 있었다. 어떻게 해야 하나? 그에게는 활이 없었다. 아무것도 없었다. 지팡이뿐이었다. 청년은 지팡이를 사슴에게 던졌다. 지팡이는 사슴의 몸에 정확하게 꽂혔다. 사슴은 그 자리에서 쭉 뻗었다. 청년은 사슴에게 다가가 고기를 잘라 조금 먹은 후 잠자리에 들었다. 잠에서 깨어 보니 하늘에 먹구름이 몰려오고 있었다. 그을음처럼 새까만 구름이 다가오고 있었다. 썰매가 보였다. 짐승들이 입에서 불을 내뿜으며 썰매를 끌고 있었다. 썰매에 한 남자가 타고 있었다. 남자는 먹구름에 닿을 것 같은 높은 모자를 쓰고 있었다. 용사가 청년에게 다가와서 물었다.

"어디에서 왔니? 원하는 게 뭐니?"

"원하는 것은 아무것도 없어요. 마귀들이 부모님과 형들을 죽였어요. 큰형과 여동생만 살아남았어요. 큰형은 달이 뜨는 쪽으로 갔고 저는 해가 뜨는 쪽으로 왔어요. 왜 우리 부모님과 형들이 죽었는지 알아보려고요."

용사가 청년에게 명령했다.

"썰매에 타."

청년이 대답했다.

"이렇게 높은 썰매에 어떻게 타요?"

용사가 청년의 어깨를 잡아 올려 썰매에 태웠다. 용사는 썰매 문을 닫고 앞으로 달렸다. 썰매의 날이 땅에 얼마나 세게 부딪치는지 마치 천둥이 치는 것 같았다. 마침내 썰매가 멈췄다. 용사가 청년에게 다가와서 말했다.

"자! 우리의 경기를 보렴."

청년은 구멍을 통해 보았다. 각각 일곱 명의 용사들이 양쪽에 서서 거대한 돌들을 서로에게 던지며 놀고 있었다. 썰매를 몰던 용사는 돌아서서 다른 용사들이 던지는 돌보다 더 큰 돌을 들어 던졌다. 마치 벼락이 친 것 같았다. 돌이 떨어진 곳에는 바다도 없고 산도 없는 깨끗한 장소가 나타났다. 용사는 청년이 보던 구멍을 닫고 다시 썰매를 몰았다. 다시 썰매가 멈췄다. 구멍을 열고 용사가 말했다.

"우리는 곧 너의 땅에 도착하게 될 거야."

청년은 집이 가까워지고 있다는 것을 알았다. 큰 먹구름이 몰려왔다. 거기서 마귀들이 형을 완전히 제압하고 있었다. 형은 이미 무릎을 꿇고 기어가고 있었다. 청년이 용사에게 소리쳤다.

"어디 가는 거예요? 마귀들이 내 형을 죽이려고 하는 게 안 보여요?"

썰매에 탄 용사가 뒤돌아서서 활과 화살을 들었다. 용사가 화살을 쏘자 숲과 바다가 사라지고 사막이 되었다. 조금 후 땅이 바다가 되었다. 얼마 후 물이 차차 사라져서 땅은 완전히 말라 버렸다. 청년이 그걸 보았다. 이게 뭐지? 부모님과 형들이 살아났고 청년에게 다가왔다. 기쁨은 아주 오랫동안 가시지 않았다. 바다 곶의 노인은 용사에게 자신의 딸을 아내로 삼으라고 말했다. 용사는 자기가 왔던 곳으로 떠났다. 바다 곶 노인의 아들이 용사와 헤어질 때 말했다.

"만일 불행에 처하면 저를 부르세요."

"알았어. 기억하고 있을게. 너도 이 세상이 재앙에 처했을 때 나를 기억하렴."

그렇게 그들은 살았다.

찬케르

아주 오랜 옛날에 두 형제가 살았다. 동생의 이름은 찬케르였다. 어느 날 형이 찬케르에게 말했다.

“가서 벚나무 가지를 잘라 와.”

찬케르는 벚나무 가지를 자르러 갔다. 벚나무 쪽으로 다 가갔는데 무엇인가가 해를 가리고 있었다. 위를 올려보았다. 큰 날개를 가진 새가 하늘을 날다가 찬케르를 잡으려고 했다. 찬케르는 벚나무로 숨으려고 했으나 이미 늦었다. 큰 날개를 가진 새가 찬케르를 낚아채 높이 날아올라 자신의 둥지로 데리고 갔다. 둥지는 큰 바닷가에 있었다. 새는 찬케르를 어린 새끼들이 있는 둥지에 내려놓았다. 어린 새들은 찬케르를 쪼기 시작했다. 아팠다. 찬케르는 생각했다.

‘산 밑에 있는 강 하구에 맘모스 새끼가 떠다니면 좋겠다!’

정말 맘모스 새끼가 떠다녔다. 찬케르가 새에게 말했다.

“죽은 셀쿠프인의 살을 먹으면 오래 살지 못해. 봐. 저기 강 하구에 맘모스 새끼들이 떠 있잖아. 저걸 건져 먹어.”

큰 날개를 가진 새는 날아가서 맘모스의 새끼를 꺼내 둥지로 가져와서 새끼들에게 주었다. 다음 날 어린 새들은 어미 새가 나가자마자 다시 찬케르를 쪼기 시작했다. 그러자 찬케르는 둥지를 세게 때리기 시작했다. 둥지는 두 개로 갈라졌다. 한쪽은 해가 있는 쪽으로 떨어지고 다른 한쪽은 달이 있는 쪽으로 떨어졌다. 그러나 어린 새들은 찬케르를 계속 쪼아 댔다. 찬케르가 다시 세게 발톱을 움직였다. 그러자 둥지는 나무와 함께 바다로 떨어졌다. 나무는 바다 한가운데 있는 일곱 명의 사람이 타고 있는 배를 덮쳤다. 큰 날개를 가진 새가 날아와서 둥지가 있는 나무 꼭대기를 잡고 위로 들어 올리려고 날개를 흔들었다. 찬케르가 새를 때려 새의 날개와 다리를 부러뜨렸다. 찬케르는 물로 뛰어들어 물살을 따라 뒤로 누워 헤엄쳐 연안에 도착했다. 도끼 소리가 들리자 찬케르는 소리가 나는 쪽으로 갔다. 숲의 마귀가 나무를 잘라 배를 만들고 있는 것이 멀리서 보였다. 찬케르는 나무 뒤에 숨어 손을 뻗어 나무껍질 한 움큼을 마귀의 얼굴에 던졌다. 숲의 마귀는 놀랐다.

"이게 뭐지? 전에 아무리 나무를 잘랐어도 한 번도 나무껍질이 얼굴로 날아온 적이 없었는데. 어째서 오늘은 얼굴에 날아온 거지?"

찬케르가 대답했다.

"나무껍질이 저절로 네 얼굴에 날아갔을 리가 없지. 내가 던진 거야."

"어디에 있는 거야? 보이지 않아."

"네가 피곤해서 그래. 잠을 좀 자. 네 대신 내가 나무를 자를게."

마귀는 찬케르의 말대로 누워서 잠이 들었다. 찬케르는 강가로 가서 개구리와 도마뱀을 찾아 끌고 와서 배에 던졌다. 그러자 배가 저절로 내려가서 완전히 완성되어 물 위에 떠 있게 되었다. 마귀가 잠에서 깨자 찬케르가 말했다.

"잠도 참 오래 자네. 내가 배를 다 만들었어!"

찬케르와 마귀는 배에 앉았다. 찬케르는 마귀를 뱃머리에 앉힌 후 바다로 나갔다. 찬케르가 일곱 마리 해달을 죽였다. 마귀는 노를 부러뜨렸다. 찬케르는 배를 연안에 대고 불을 피워 해달을 구워 먹었다. 찬케르는 해달의 턱뼈를 주머니에 몰래 숨겼다. 마귀는 새 노를 만들기 시작했다. 마귀는 나무를 찾아 망치로 중간을 때리며 찬케르에게 말했다.

"예전에 내가 젊었을 때는 나무 틈에 한쪽 손과 발을 넣어 나무를 반으로 쪼갰어."

찬케르가 한쪽 손과 발을 나무 틈에 넣자 마귀는 집게로 찬케르의 손과 발이 빠져나오지 못하도록 꽉 조였다. 마귀는 강으로 뛰어가 배를 타고 달아났다. 마귀는 배를 타고 가면서 노래했다.

"찬케르! 이제 7년 동안 여기에서 바싹 말라라!"

찬케르는 주머니에서 해달 뼈를 꺼내 나무 틈에 끼웠다. 그때 거대한 먹구름이 몰려와 천둥이 쳤다. 나무가 갈라졌다. 찬케르는 나무에서 나오게 됐다. 그는 다른 주머니에서 오래전부터 들어 있던 새의 가죽을 꺼내 문댔다. 가죽을 등에 얹자 바다 한가운데로 날아갔다. 찬케르는 피곤했고 힘이 빠졌다. 찬케르가 주머니에서 시금석을 꺼내 바다에 던지자 높은 절벽이 우뚝 솟았다. 하늘까지 닿았다. 찬케르는 새의 가죽을 벗겨 다시 문대서 더 넓게 만들어 등에 붙였다. 찬케르는 날기 시작했다. 아래를 보니 마귀가 서둘러 배를 젓고 있었다. 서둘러 떠나려고 하고 있었다. 마귀는 자신의 딸들을 배에 앉히고 자신은 뱃머리에 앉았다. 찬케르는 바다 쪽으로 가서 흰 나무 꼭대기에 앉은 후 매로 변했다. 나무 위에서 실로 만든 올가미를 아래로 내려뜨렸다. 마귀는 배에 앉아서 노래를 부르고 있었다.

"찬케르는 나무 틈에서 7년 동안, 꽉 채운 7년 동안 바싹 말라 갈 거야!"

그리고 갑자기 딸들에게 말했다.

"저기 좀 봐라. 얼룩덜룩한 웬 새가 나무에 앉아 있어! 무슨 새지?"

그때 배의 앞머리가 올가미 안으로 들어갔다. 마귀는 올가미를 밀쳐 버렸다. 올가미가 배의 앞부분에서 미끄러져

마귀의 턱에 걸렸다. 찬케르는 재빨리 마귀를 위로 끌어당긴 후 나무에 걸었다. 찬케르는 날다람쥐처럼 배로 날아가 조용히 내려앉았다. 그리고 노래하기 시작했다.

"7년 동안, 긴 7년 동안 여기 매달려서 바싹 말라라!"

찬케르는 배 한가운데 누웠다. 얼마 후 마귀의 아내들이 다가왔다. 찬케르는 마귀의 딸들 중 하나를 배에서 연안으로 던진 후 그것을 다리 삼아 육지로 나왔다. 마귀 딸의 갈비뼈가 부러졌다. 찬케르는 마귀의 아내를 죽인 후 다시 배를 타고 마귀의 계모에게 갔다. 둘째 딸이 배에 앉아 있었다. 마귀의 계모 집에 다다르자 찬케르는 둘째 딸을 다리 삼아 밟고 건넜다. 찬케르가 마귀의 계모 집에 도착하자 계모가 말했다.

"너무 급하게 와서 숨을 몰아쉬는구나. 좀 기다려. 옷을 입고 올게."

찬케르는 바닷가로 나갔다. 마귀의 계모도 그곳으로 왔다. 그들은 싸우기 시작했다. 싸우는 동안 둘은 더 높이 구름까지 올라갔다. 마귀의 계모가 찬케르의 꼬리를 잘라 버렸다. 예전에 사람들에게는 모두 꼬리가 있었다. 찬케르가 쓰러지자 마귀의 계모가 말했다.

"앞으로 모든 셀쿠프인들은 꼬리 없이 태어나게 될 것이다."

찬케르는 바다로 떨어졌고 그는 물살에 떠내려갔다. 바다 물살이 거셌다. 찬케르는 오랫동안 바닷물에 실려 떠내려갔다. 마침내 큰 날개를 가진 새가 그를 데려갔던 바로 그 벚나무가 있는 곳까지 떠내려왔다. 거기에 그의 도끼와 물건들이 놓여 있었다. 찬케르는 도끼를 들고 집으로 왔다. 만나는 사람마다 찬케르에게 물었다.

"찬케르! 무슨 안 좋은 일이 있었어?"

찬케르는 아무 말도 하지 않았다.

그 이후 찬케르는 사람들을 위해 좋은 일을 많이 했다. 사람들에게 좋은 사냥터를 항상 알려 주었고 숲에서 사람들을 괴롭히는 마귀들을 죽였다. 그래서 사람들은 찬케르를 기억한다.

세 자매

옛날에 할아버지와 할머니가 살았다. 그들에게는 세 딸이 있었다. 두 딸은 영리했고 한 딸은 바보였다. 세월이 흘러 할아버지와 할머니는 죽었고 세 딸만 남겨졌다. 부활절이 되었다. 예전에는 세 딸 모두 예배를 드리러 갔지만 이제 영리한 두 언니가 막냇동생에게 말했다.

"우리만 예배 보러 갈게."

"가!"

바보 동생은 자기도 갈 거라고 생각했다. 일주일이 지나 다시 일요일이 되었다. 모두들 예배를 드리러 갔다. 모두들 기도를 하고 있을 때 바보 처녀도 밖으로 나왔다. 처녀가 지팡이를 휘두르자 멋진 말과 마차가 나왔다. 처녀는 잘 차려입고 마차에 앉아 교회로 갔다. 교회에 들어갔다. 거기에 한 남자가 있었다. 그의 이름은 이반이었다. 왕자였다. 모두들 기도는 하지 않고 그녀를 바라보았다.

"너무 예쁘다. 너무 예뻐. 옷도 너무 잘 입었어!"

이제 예배가 끝나 집으로 갈 시간이었다. 모두들 흩어졌다. 바보 처녀는 서둘러야 했다. 두 언니들보다 먼저 집에 도착해야 했다. 처녀는 다시 지팡이를 휘둘렀다. 모든 것이 사라졌다. 처녀는 누더기를 입고 화덕 옆에 앉았다. 조금 후 언니들이 와서 밥을 먹으려고 식탁에 앉았다. 서로 이야기를 나누었다.

"오늘 잘 차려입은 여자가 교회에 와서 기도를 하더라. 왕자가 그녀를 바라보고는 고개도 숙이지 않고 성호도 긋지 않더라."

교회에서 예배가 끝나 모두들 집으로 갈 시간이다. 처녀는 또 서둘렀다. 말을 타고 집으로 달렸다. 집에 오자 모든 것을 감추었다. 언니들이 와서 빗으로 동생의 머리를 찔렀다. 처녀는 또 모든 것을 치워 버리고 화덕 옆에 가서 앉았다. 언니들이 왔다. 식탁에 앉아서 자기들끼리 말했다.

"얼마나 예쁜지 몰라. 정말 예뻐. 심지어 왕자가 기도도 하지 않고 그 여자만 보더라. 머릿속으로 그 여자 생각만 하더라고."

교회는 텅 비었다. 다시 집으로 가야만 했다. 처녀는 집에 도착해서 모든 것을 감추고 난롯가에 앉았다. 너덜너덜한 누더기를 걸쳤다. 조금 후 언니들이 왔다. 밥을 먹으면서 자기들끼리 이야기했다.

"왕자가 그녀를 계속 바라봤어. 눈도 깜박이지 않고 보더라."

교회는 다시 텅 비었다. 내일도 다시 기도하러 가야만 한다. 사람들은 아침에 일어나 교회로 갔다. 처녀도 밖으로 나가 다시 지팡이를 휘둘렀다. 어제보다 더 훌륭하고 멋진 말이 나왔다. 처녀는 말을 타고 갔다. 다시 교회로 들어갔다. 그녀가 기도를 할 때 왕자가 또 그녀를 바라보았다. 오랫동안 기도를 드렸다. 이제 다시 집으로 가야만 했다. 처녀는 또 서둘러야 했다. 처녀는 집으로 와서 옷과 말을 감췄다. 언니들이 집에 와서 식탁에 앉았다.

"어제도 예뻤는데 오늘 그녀는 더 예뻤어. 옷을 더 잘 입었어. 왕자가 기도는 하지 않고 눈도 깜빡거리지 않고 계속해서 그녀를 보고 있었어."

또 하루가 지났다. 벌써 사흘이 지났다. 다음 날 아침에 모두들 일어나 교회로 갔다. 두 언니는 걸어서 가지만 바보 처녀는 말을 타고 간다. 처녀는 마당에 나와서 지팡이를 휘둘렀다. 멋진 말이 나왔다. 처녀는 어제보다 더 잘 차려입었다. 처녀가 교회로 들어갔다. 오늘 왕자는 교회로 들어가지 않았다. 입구에서 기다리다가 처녀에게 물었다.

"어디 사세요? 어느 마을에 사세요? 어느 도시에 사세요?"

처녀는 왕자에게 아무 말도 하지 않고 교회로 황급히 달아났다. 예배가 끝나 모두들 집으로 갈 시간이었다. 왕자는 다시 뛰어서 교회 입구에서 기다렸다. 처녀는 서두르는 바람에 자신의 덧신 한 짝을 떨어뜨렸다. 안에 신은 구두는 있는데 밖에 신은 덧신을 흘렸다. 왕자는 뛰어가서 신발을 주웠다. 처녀는 집으로 와서 말을 치우고 누더기를 걸친 후 앉았다. 두 언니가 왔다. 식탁에 앉아 이야기를 나누었다.

"오늘 그녀는 정말 옷을 잘 입었더라. 정말 예쁘더라. 정말 잘 차려입었어. 전보다 더 예쁘게 입었어. 왕자는 전혀 기도도 하지 않고 눈을 깜빡거리지도 않더군. 계속 그녀만 보고 또 보더라고. 예배가 끝나고 모두들 밖으로 나갔어. 그런데 여자가 너무 서두르는 바람에 덧신이 벗겨졌어. 그걸 왕자가 주웠어."

얼마나 땅이 넓은지 왕자는 저쪽에 있는 마을로 갔다가 다른 마을로 갔다. 여자들에게 모두 신발을 신겨 보았다. 누구에게도 맞지 않았다. 크기도 하고 작기도 했다. 이제 세 자매가 사는 마을로 왔다. 마침 세 자매가 사는 집으로 들어갔다. 두 언니는 식탁에 앉아 있었고 바보 처녀는 화덕 뒤에 앉아 있었다. 왕자가 말했다.

"누구 다른 사람은 없느냐?"

바보 처녀가 화덕 뒤에서 기침을 했다.

"아! 사람이 또 있나 보구나."

"아니에요. 아니에요. 고양이 소리예요."

왕자는 구석에 있는 화덕 뒤로 눈을 돌렸다.

"아! 저기 사람이 앉아 있잖아!"

그녀에게 신발을 신겨 보았다. 바로 그녀의 신발이었다. 왕자는 처녀의 손을 잡고 밖으로 나왔다. 처녀는 지팡이를 휘둘렀다. 전보다 더 멋진 말이 나왔다. 정말 멋진 말이었다. 처녀는 옷을 멋지게 차려입고 왕자와 함께 마차를 타고 떠났다. 왕자는 처녀를 아내로 맞이했다. 두 언니는 창문을 통해서만 밖을 보게 되었다.

"우리가 말했잖아요. 우리에게 바보 동생이 있어요. 동생은 엄청 많은 옷이 있고 옷을 예쁘게 입어요. 똑똑한 우리도 그렇게 입지 못해요. 동생은 아주 훌륭하고 멋진 왕자와 떠났어요. 우리는 아직도 이렇게 살아요. 아마 계속 이대로 우리끼리 이렇게 오랫동안 살 거예요. 자! 이제 다 말한 것 같아요."

들꿩과 쥐

들꿩과 쥐가 오랫동안 함께 살았다. 어느 날 들꿩이 쥐에게 말했다.

"사냥하러 가자!"

쥐가 말했다.

"가자!"

들꿩과 쥐는 사냥을 하러 떠났다. 얼마쯤 갔을까 둘은 하천에 다다랐다. 들꿩이 말했다.

"하천을 건너자. 거기서 사냥하자."

쥐가 말했다.

"너에게는 날개가 있어 강을 건널 수 있지만 내가 어떻게 강을 건널 수 있단 말이니?"

들꿩이 잠시 생각한 후 말했다.

"내가 풀로 다리를 만들 테니 그 다리로 건너."

"그래. 좋아."

들꿩은 다리를 만들기 시작했다. 오랫동안 힘들여 마침내 다리를 만들었다. 들꿩이 쥐에게 말했다.

"이제 이 다리로 건너."

쥐는 풀로 만든 다리를 따라 걸어갔다. 그러나 절반도 못

가서 다리는 부서졌다. 쥐는 강을 헤엄쳐서 건넜기 때문에 완전히 물에 젖었다. 들꿩이 깔깔거렸다. 너무 웃어 그만 멀떠구니가 떨어져 죽게 되었다. 쥐는 물에 젖어 떨었지만 해가 뜨자 따뜻해졌다. 그리고 예전처럼 잘 살았다.

눈 소녀

할아버지와 할머니가 살고 있었다. 그들에게는 아이가 없었다. 그들은 하루가 다르게 빠르게 늙어 갔다. 두 사람이 말했다.

"우리가 이렇게 빠르게 늙어 가는데 누가 우리 두 사람을 거두지? 자식이 없으니."

할머니가 할아버지에게 말했다.

"눈 소녀를 만들어 딸로 삼읍시다."

할아버지와 할머니는 눈 소녀와 살게 되었다. 눈 소녀는 할아버지와 할머니를 아버지와 어머니라고 불렀다. 할아버지와 할머니는 아주 기뻤다. 눈 소녀는 집안 살림을 했다. 할아버지와 할머니는 기뻤다. 봄이 되자 눈 소녀가 눈물을 흘렸다. 할머니가 눈 소녀에게 말했다.

"울지 마."

할아버지 역시 눈 소녀에게 말했다.

"울지 마."

눈 소녀는 아무 말도 하지 않았다. 다른 눈 소녀들이 숲으로 열매와 버섯을 따러 갔다. 눈 소녀들은 숲에서 불을 피우고 불을 뛰어넘었다. 할아버지와 할머니의 눈 소녀도 뛰었고 흰 연기가 되었다.

이반 왕자

이반 왕자가 살았다. 그의 어머니는 장님이었다. 어느 날 이반은 길을 걷다가 숲으로 들어가게 되어 길을 잃었다. 어디로 가야 할지 몰랐다. 갑자기 맞은편에서 짐승이 나타나 울부짖었다.

"우! 우! 우!"

짐승은 입을 크게 벌리고 이반을 잡아먹으려고 했다. 이반이 다정하게 말했다.

"나를 잡아먹지 마. 나를 숲에서 나가게 해 줘."

짐승은 이반을 마을로 데려다주었다. 그리고 울부짖었다.

"우! 우! 우!"

짐승은 숲으로 다시 향했다. 이반은 그 영리한 짐승을 보기 위해 뒤를 돌아보았으나 짐승은 이미 사라지고 없었다.

이반은 집에 와서 숲의 짐승이 자신을 집까지 데려다준 것을 어머니에게 이야기했다. 어머니가 말했다.

"예전에 노인들이 살았는데 그들이 그 짐승을 가르쳤어. 숲 짐승은 자신을 혼내는 사람은 잡아먹고, 자신을 혼내지 않는 사람은 집으로 데려다줘. 그 짐승은 네가 무엇을 생각하는지 다 알아. 만일 네가 그 짐승을 사냥하러 갔더라면 너를 잡아먹었을 거야. 노인들이 그렇게 가르쳤어. 노인들은 죽었지만 짐승은 아직 다녀."

이반은 다시 길을 걸어갔다. 개를 데리고 가는 노인과 마주쳤다. 이반은 노인에게 어디로 가느냐고 물었다. 노인이 대답했다.

"이 개가 고기 조각을 먹어서 죽이러 가."

이반이 말했다.

"죽이지 마세요. 차라리 제게 5루블에 파세요."

노인은 개를 이반에게 팔았다. 이반은 개를 데리고 집으로 왔다. 이반과 어머니와 개 셋이서 함께 살았다.

이반이 다시 길을 갔다. 고양이를 죽이러 가는 노인을 만났다. 노인은 고양이가 자신의 우유를 마셨다고 말했다. 이반은 노인의 고양이를 샀다. 고양이가 말했다.

"구해 줘서 고마워. 그런데 내 친구는 어디에 있어?"

이반은 고양이에게 개는 집에 있다고 말했다. 집에 온 고양이는 식탁으로 올라갔다. 거울을 보고 세수를 했다. 이반은 이틀 밤을 자고 난 후 다시 집을 나가 길을 갔다. 사람들이 서서 통나무를 뒤집고 있었다. 이반이 물었다.

"왜 통나무를 뒤집으세요?"

"눈이 빛나는 뱀이 나무로 기어 들어가서 죽이려고."

"나무를 제게 3루블에 파세요."

이반은 나무를 샀다. 이반이 소리쳤다.

"눈이 빛나는 뱀아! 나와라."

뱀이 나와서 이반 어깨로 날아가며 말했다.

"내가 쓸모가 있을 거야."

집에 와서 뱀은 침대 밑으로 들어갔다.

날이 밝았다. 이반이 세수하러 나가자 뱀이 이반에게 말했다.

"깨끗한 바다와 깨끗한 들판 뒤에 그루터기가 하나 있어. 거기 내 가족이 살아. 거기 같이 가자. 네가 나를 구해 주었으니 내가 금을 줄게."

이반과 뱀은 길을 떠났다. 오랫동안 걸어서 빈 그루터기에 도착했다. 뱀은 그루터기 안으로 들어가서 구멍을 크게 만들더니 이반에게 말했다.

"이리 들어와. 무서워하지 마. 우리 식구들에게 너를 건드리지 말라고 말했어. 내 아버지와 어머니에게 은 세 가마니를 달라고 해."

이반은 그루터기 안으로 들어갔다. 그곳은 온통 보석으로 장식되어 있었다. 사방에 금과 은이 번쩍였다. 뱀이 말했다.

"이 젊은이가 나를 구해 주었어요. 무엇을 선사할까요?"

이반이 말했다.

"내게 마법의 반지를 줘."

뱀의 부모가 반대했지만 뱀이 다시 말했다.

"주세요."

뱀은 반지를 주며 말했다.

"반지를 떨어뜨리면 열두 명의 건장한 젊은이들이 나올 거야. 처음에는 그들에게 아무 부탁도 하지 마."

이반은 문을 통해 밖으로 나왔다. 이반이 돌아보니 문은 사라지고 없었다. 풀이 무성하게 자라 있었다. 뱀이 말했다.

"저기 너희 집 지붕이 보이지? 곧장 집으로 가."

이반은 출발했다. 집에 거의 다 와 반지를 떨어뜨렸다. 바로 열두 명의 용사가 나타났다. 용사들이 이반에게 물었다.

"주인님! 무엇이 필요하십니까?"

"아무것도 필요 없어."

이반은 그렇게 말하고 나서 바다와 산 뒤에 사는 왕에게 아주 아름다운 딸이 있다는 것이 생각났다. 이반이 반지를 땅에 던지자 열두 명의 용사가 나타났다.

"주인님! 무슨 명을 내리시겠습니까?"

"공주를 데리고 와. 벽이 다섯 개 있는 집을 세워서 장식을 해. 왕이 봐서 흡족해할 집을 지어 줘."

이반은 자리에 누웠다. 아침에 일어나 보니 그가 부탁한 집에 자신이 있었다. 옆에서 공주가 자고 있었다. 이반은 놀랐다. 그는 저녁이라는 것도 잊고 신에게 기도를 했다. 어머니도 일어나서 보고 깜짝 놀랐다. 어머니는 신에게 기도를 하고 아들에게 물었다. 이반은 사실대로 이야기했다. 이반과 어머니는 행복하게 살았다.

어느 날 이반이 반지를 잃어버렸다. 그는 반지를 아내가 훔쳤다는 사실을 몰랐다. 이반은 반지를 찾아다녔다. 이반이 앉아서 생각하고 있는데 고양이가 다가와서 물었다.

"무슨 일이 생겼어?"

이반이 사실대로 말했다. 고양이가 말했다.

"내가 반지를 찾아 줄게."

공주는 반지를 가슴 속에 숨겼다. 고양이가 공주에게 다가가 아양을 떨기 시작했다. 공주는 고양이를 쓰다듬다가 잠이 들었다. 고양이가 공주의 품에서 반지를 꺼내 이반에게 가져다주었다. 이반은 반지를 던졌다. 바로 열두 명의 용사가 나타났다.

"무엇이 필요하십니까?"

"왕의 나라를 살펴보고 왕에게 공주에 대해 이야기해 주러 갈 거야. 왕의 나라까지 갈 다리를 세워."

아침에 다리가 만들어져 있었다. 이반이 공주에게 말했

다.

"이 다리를 건너 당신 아버지에게 갑시다."

개와 고양이도 함께 출발했다. 가는 길에 호수가 있었다. 반지가 이반의 손에서 떨어져서 호수로 빠졌다. 개가 이반에게 물었다.

"무슨 생각을 하세요?"

"폴칸! 반지를 잃어버렸어."

폴칸은 물로 뛰어들어 반지를 찾아 이반에게 건넸다. 마침내 이반 일행은 왕의 궁전에 도착했다. 왕은 딸을 찾아 몹시 기뻐했다. 왕은 이반을 자신의 옆자리에 앉혔다. 이반은 왕에게 공주를 어떻게 데려왔는지 말했다. 이반은 하늘을 날아 공주를 데려왔다고 말했다. 자신에게 반지가 있다는 말은 왕에게 하지 않았다. 연회가 시작되었다. 결혼식이 거행되었다. 사람들이 이반에게 말했다.

"착하게 사세요. 싸우지 마세요. 왕과 왕비는 늙었고 곧 죽을 거예요. 왕국을 곧 차지하게 될 거예요."

얼마 후 왕은 죽었다. 그 뒤를 따라 왕비도 죽었다. 이반은 관을 만들어서 왕과 왕비를 묻어 주었다. 이반은 아무 부족함이 없는 왕이 되었다.

영리한 소년

농부가 살았다. 그는 사냥을 했다. 활을 쏘아 짐승을 사냥했다. 그는 활을 만들어 매일 아침 다람쥐와 들꿩을 사냥하러 다녔다. 날씨가 아주 좋은 어느 날 그의 아내는 임신을 했다. 남자들이 사냥을 떠나면 여자들은 매일 저녁 모여서 모든 이야기를 하며 남자들을 심판했다. 어느 날 농부의 아내 배 속에서 어린아이가 말하기 시작했다. 여자는 걱정이 되기 시작했다. 30년을 살았지만 이런 이상한 일은 처음이었다. 아이가 말했다.

"남편들을 심판하세요. 그러나 직접 사냥을 가서 보세요. 내가 태어나면 당신을 죽일 거예요."

남편이 사냥에서 돌아왔다. 아내가 말했다.

"내가 아이를 낳으면 그 아이를 죽일 거예요."

그러자 갑자기 노인이 나타나서 말했다.

"만일 아기를 죽이면 너를 용서하지 않을 거야. 차라리 아기를 포대기에 싸서 길 가운데 놓아."

아내는 노인이 시킨 대로 아기를 싸서 길에 놓았다. 아기는 울었다.

거기에 할아버지와 할머니가 살고 있었다. 할머니는 울

음소리를 듣고 아기를 데려와서 할아버지에게 말했다.

"신이 우리에게 아기를 보내 준 게 분명해요. 이 아이를 잘 키웁시다."

아이는 곧 자라 뛰어다니고 노인들을 도왔다. 풀을 가져오고 차를 끓였다. 아이는 동네 아이들과 제기차기를 하고 놀았다. 아이가 아이들에게 말했다.

"만일 누구든 제기를 숨기면 그를 죽일 거야."

아이들은 그를 솔로몬 왕이라고 불렀다. 하루는 메케시카가 동전을 훔쳤다. 솔로몬이 말했다.

"스무 번 채찍질을 해."

사람들이 메케시카를 잡아서 채찍질을 했다. 메케시카는 부모에게 뛰어가서 도와 달라고 했다. 그러나 부모가 말했다.

"왜 훔쳤어? 네가 받아야 할 벌이야."

영리한 소년에 대한 소식은 도시까지 퍼졌다. 거기 있는 사람들도 소년에 대해 다 알게 되었다. 소년을 도시로 데려와 사람들을 심판하게 했다. 소년이 도시로 가는 길에 한 할머니가 자루를 들고 걸어가고 있었다. 할머니는 여기저기 기웃거리고 있었다. 할머니가 밀가루를 그릇에 담는데 회오리바람이 불어 밀가루가 날아갔다. 할머니가 울며 걸어갔다. 솔로몬이 할머니에게 이유를 물었다. 할머니가 자초

지종을 이야기해 주었다. 솔로몬이 말했다.

"왕에게 가면 밀가루 값을 줄 거예요."

두 사람은 도시에 도착했다. 할머니는 왕에게 갔고 솔로몬은 밖에 그대로 있었다. 왕이 할머니에게 무슨 일로 왔느냐고 물었다. 할머니가 사정을 이야기하자 왕이 말했다.

"늙어서 머리가 없는 거야. 내가 무슨 명을 내릴 수 있겠어? 여기 나무가 있다. 아무리 나무에게 말해도 나무는 나무일 뿐이야. 그런데 누가 너에게 그렇게 하라고 말했지?"

"한 젊은이가요."

"그를 이리 데려와."

그를 불렀다. 왕은 솔로몬에게 왜 사람들이 자신에게 화를 내는지 물었다.

솔로몬이 말했다.

"몇 시에 전하의 배가 왔지요? 전하의 배가 가는데 순풍이 불었어요. 할머니에게도 순풍이 불었어요. 그 바람이 할머니의 밀가루를 날렸어요. 할머니에게 밀가루 두 가마니를 주세요."

왕은 잠시 생각하다가 솔로몬의 말대로 했다.

"할머니에게 밀가루 두 가마니를 주어 다시는 와서 조르지 않게 하라."

왕은 자신의 자리에 솔로몬을 앉혔다. 할머니에게 밀가

루 두 가마니를 실어다 주었다. 할머니는 빵을 굽고 슬픔을 잊었다. 솔로몬은 앉아서 썼다. 모두들 일을 하게 만들었다. 사람들이 전했다.

"장님 노인이 넘어져서 무릎이 까졌어요."

솔로몬은 길에 있는 돌을 다 치우게 했다. 그리고 노인에게 빵을 주라고 명령했다.

개구리

한 마을이 있었는데 질병이 덮쳐 마을 사람들이 다 죽었다. 오직 처녀 하나만 살아남았다. 그녀는 마법을 조금 부릴 줄 알았다. 그녀는 사냥꾼이었다. 그녀는 혼자 사는 게 지겨워서 어디론가 가기로 결심했다. 처녀는 길을 떠났다. 굽은 나무 한 그루가 있었다. 그녀가 나무를 때리자 개구리 한 마리가 튀어나와 말했다.

"왜 우리 집을 쳐?"

개구리는 처녀를 집으로 초대했다. 처녀는 개구리 집으로 들어갔다. 개구리가 굴뚝으로 올라가 화로 앞에 앉았다. 처녀가 말했다.

"맛이 없어."

처녀는 음식을 잘 만들었다. 음식을 먹고 나자 개구리가 말했다.

"내일 남자를 찾으러 가자. 저기 있는 마을에 두 형제가 사는데 그들에게 청혼을 하러 가자."

얼마나 우스운가! 직접 청혼을 하러 가다니.

"한 사람은 네 남편이고 다른 한 사람은 내 남편이야."

처녀에게는 좋은 목도리와 머리핀이 있었다. 개구리는

그것을 모두 뺏기로 결심했다. 그렇게 하지 않으면 다 부서진 나무통에서 결혼을 해야만 했다. 처녀가 아침에 일어나 보니 자신의 옷이 없어졌다. 처녀는 꾀가 많았다. 그녀는 밖으로 나가서 자신의 옷에게 소리쳤다.

"개구리의 한쪽 발을 이쪽으로 잡아당기고 다른 쪽 발을 저쪽으로 잡아당겨. 만일 개구리가 돌아오려고 하지 않으면 옷을 찢어 버려."

개구리가 놀라서 돌아왔다.

"내가 네 옷을 보려고 가져갔는데 한 곳에서 나를 잡아당기더군. 거의 찢어질 뻔했어."

개구리와 처녀는 아침을 먹고 남자들에게 갔다. 남자들은 강에서 말에게 물을 먹이고 있었다. 개구리가 말했다.

"비단 고삐를 가진 자가 내 남편이 될 거고 가죽 고삐를 가진 남자가 네 남편이야."

처녀가 말했다.

"입 다물어. 그러지 않으면 네가 사는 나무로 데려갈 거야."

개구리가 남자들의 집으로 갔다 와서 말했다.

"남자들이 오늘 우리에게 청혼한대."

그렇게 개구리와 처녀는 헤어져서 결혼을 했다. 개구리는 처녀가 자신보다 더 사랑을 받으니까 처녀를 질투하기 시작했다. 개구리는 어떻게 처녀를 몰아낼까 생각했다. 개구리가 처녀에게 말했다.

"머리에서 이를 찾아 줄게."

처녀가 머리를 내주자 개구리는 처녀의 귀에 핀을 박았다. 처녀는 죽었다. 남편들은 돌아와서 아무것도 눈치채지 못하고 처녀를 땅에 묻었다. 처녀가 끼고 있던 반지도 함께 묻었다. 처녀에게는 꽤 많은 개가 있었다. 개가 울부짖었다. 그러자 처녀가 살아났다.

처녀가 개에게 말했다.

"그런 일이 있었으니 나는 집에 가지 않을 거야."

처녀는 반지를 이 손에서 저 손으로 옮겨 낀 후 말했다.

"여기에 궁전을 짓도록 해. 그리고 모든 것이 궁전 안에 있도록 해 줘."

처녀에게서 아기가 태어났다. 처녀는 남편에게 모든 것을 말했다.

"내가 가기 전까지 개구리를 죽이지 마세요."

그 후 처녀는 개구리를 잡아 말에 묶어 반으로 갈라서 태웠다. 개구리의 머리는 늪의 흙덩이가 되었다. 흙덩이 구멍에서 모기가 나왔다.

해 설

셀쿠프족은 서시베리아 북쪽의 소수민족으로 2010년 조사에 따르면 톰스크 주에 1787명, 튜멘 주에 1857명, 크라스노야르스크 변강주에 412명 정도가 거주하고 있는 것으로 알려져 있다. 유럽 인종과 몽골 인종의 혼합 인종이며 사냥과 낚시, 말 사육이 생업이고 그릇이나 청동 장신구와 함께 시체를 땅에 묻는 매장 풍습이 있으나 고대에는 공중에 시체를 매다는 장례 풍습이 있었다.

셀쿠프족은 1930년까지는 오스탸크 사모예드족으로 불렸다. 현재의 셀쿠프란 명칭은 '타이가에 사는 사람'이란 뜻의 솔쿠프에서 유래한다. 셀쿠프족은 오비 강 상류에 살던 토착 원주민과 사얀 지역에서 이주해 온 사모예드족이 결합되어 형성되었다.

셀쿠프족은 남 셀쿠프족과 북 셀쿠프족으로 나뉜다. 남 셀쿠프족은 오비 강 중류의 쿨라이 문화의 직접적인 계승자이고 북 셀쿠프족은 오비 강 중류에 거주하던 사모예드족이 북쪽의 예니세이 강과 투루한 강 유역으로 이주한 17세기에 형성되었다. 남 셀쿠프족은 러시아에 동화되어 서시베리아 타이가 민족의 전통문화를 거의 상실한 반면, 북 셀쿠프족은 케트족이나 에벤키족과의 결혼이나 문화적 접촉에도 불구하고 문화적 고유성을 유지하고 있다. 이동 수단으로서 순록을 사육하는 전통을 간직하고 전통적인 생산방법을 이어 가고 있다. 시베리아 북부 유목민의 주거 형태인 원추형 천막 '춤'과 '말리차'와 같은 의복, 가정용품, 식기, 식사 규칙, 사회 규범 등에서 민족적 고유성을 간직하고 있다.

셀쿠프인들은 18세기에 러시아정교를 수용했지만 정령 숭배, 샤머니즘의 전통 신앙이 생활과 의식 전반을 지배한다. 전통적인 사회구조는 완전히 변화되었지만 17세기까지는 '엘리트', '부유 계층', '평민 계층', '빈곤 계층', '노예'로 계급이 나뉘었고 샤먼이 중요한 역할을 맡았다. 하늘, 땅, 지옥은 강으로 연결된다고 믿었고 강을 따라 일곱 개의 노로 젓는 배를 타고 샤먼은 지하세계로 내려갈 수 있다. 또 나무로 기어올라 천상의 세계에도 갈 수 있다. 샤먼은 '춤'에서 의식을 거행하는데, 음악적 · 시적 재능을 지녀 매년 봄 새들이 날아오는 것을 기념하는 축제 때 새로운 노래를 부른다.

셀쿠프족은 고대 사모예드 전통을 가장 많이 간직한 소수민족이지만 가장 급속도로 전통문화가 소멸되는 상태에 놓여 있다. 공용어는 러시아어이고 셀쿠프어는 일상 회화에서나 민요를 부를 때만 사용된다.

셀쿠프인은 자연과 자연현상을 주관하는 정령을 숭배한다. 이들의 관념 속에서 우주는 신들과 신령들의 세계인 천상세계, 인간들의 세계인 중간세계, 죽은 사람들과 사악한 정령들이 사는 지하세계의 세 부분으로 나뉜다. 천상세계와 지하세계는 다시 각각 일곱 개의 부분으로 나뉜다. 천상의 신 '눔'은 번식과 자연현상, 날씨와 인간들의 건강을 주관한다. 천상의 신 이외에 다른 신령들은 각각 자연과 자연현상들을 주관한다. 예를 들어, 숲의 여신, 물의 신 등 모든 강, 호수, 늪지, 숲에는 수호신이 존재한다고 믿었다. 특히 경외의 대상은 불이었다. 불의 여신을 화나게 하면 마을을 불태운다고 믿었기 때문에 불길을 생명체처럼 아주 조심스럽게 다루었다. 남은 음식이나 쓰레기를 불에 태우거나 불에 대고 욕을 하는 것을 금했다. 셀쿠프인에게는 의식을 치르는 신성한 장소가 있는데 숲에 위치해 있고 크고 둥근 돌들과 특별히 세워진 기둥으로 격리된 곳이다. 그곳을 방문하면 반드시 나뭇가지에 천이나 리본을 묶는 등의 예를 표해야 한다.

셀쿠프인은 영웅 신화, 전설, 민요, 민담 등의 풍부한 구비문학 자료를 보유하고 있다. 설화의 주인공은 자연과 완전히 하나가 되어 사는 정령들과 인간들, 동물들이다. 인간은 자연에 대항하는 행동을 하거나 죄를 저지르면 신으로부터 가혹한 응징을 받는다. 어머니 조상신은 설화 속에서 노파로 나타난다. 어머니 조상신은 습지와 바다, 호수의 주인으로 여겨졌고 설화 속에서 노파로 나타난다. 습지의 구덩이는 노파의 머리로 여겨졌다. 사람들은 습지에서 밝은 세계로 나올 수 있고 죽으면 다시 습지로 돌아간다. 습지에서는 생명의 물과 죽음의 물, 두 가지 물을 얻을 수 있다. 어머니 조상신의 형상은 강과 동일시된다. 오비 강은 신 중에서 가장 존경받는 신이고 여자로 형상화된다. 설화에서 물의 혼령은 생명의 물의 형상을 지닌다. 전투에 나가는 갑옷 입은 용사에게 물을 끼얹음으로써 힘을 부여하고, 생명의 물을 먹은 주인공이 죽음의 물을 먹은 뱀을 이기고, 대지의 딸이 부상당한 용사에게 일곱 번 생명의 물을 먹여 살아나게 한다. 또 셀쿠프인의 민담에는 특유의 자연환경에서 인간의 특성을 재현하는, 인간처럼 생각하고 말하고 또한 탐욕을 부리는 동물들의 우화적 이야기와 교훈적 이야기, 인간들 간의 상호 작용과 행복을 추구하려는 소박한 꿈이 실현되는 과정이 담겨 있다.

옮긴이에 대해

이경희는 한국외국어대학교 노어과를 졸업하고, 러시아과학아카데미 언어학연구소에서 의미통사론 분야로 박사학위를 받았으며, 현재 한국외국어대학교 등에서 강의하고 있다. 논문으로 <포스트소비에트 여성문학의 어휘분석>, <러시아 과학환상소설에 나타나는 신어 연구>, <어휘-통사 층위에 나타나는 언어문화적 변이> 등이 있으며, 역서로 ≪러시아 여성의 눈≫(공역), ≪러시아 추리작가 10인 단편선≫(공역), ≪북아시아 설화집 5(알타이족)≫ 등이 있다.

시베리아 설화집 전체 작품 목록

한국에 처음 소개되는 시베리아 설화다. 시베리아와 극동 제 민족의 설화를 연구하는 연구자들뿐만 아니라 평소에 시베리아의 신화, 전설, 민담에 관심을 가진 독자들에게 유용할 것이다. 총 43개 부족의 1017편 이야기다.

야쿠트인 이야기

곰과 여우
오리와 검독수리
누가 일출을 처음으로 보는가
수말과 황소
차아차하안 차아차하안
타알 타알 노파
리이바라
니이이 니이이 할멈
촙쵸요쿄욘 촙쵸요쿄욘
다섯 마리 암소를 가진 베이베리케옌 할멈
슬라브니 유데유이옌
자야치 흐보스트
테옐레이 할멈
늑대와 노인
영리한 개
오노고스토온 추오카안과 올로온 돌로온
가난한 농부
암소 세 마리와 아내 셋을 가진 노인 테예프 테예프
영리한 처녀
투툼 튜요케이
고대 용사와 전투에 대한 이야기

예벤키인 이야기

빼꾸기
백조와 까마귀
멧닭과 백조
곰과 붕어
여우와 모캐
여우 훌랸
은혜 갚은 곰
토끼 자매
식테흐 신겔툰
개가 털옷을 입게 된 사연
자작나무에서 태어난 소녀
지하세계에 간 남자 1
지하세계에 간 남자 2
차르치칸
천상세계에 갔다 온 남자
토끼를 속인 할아버지
소년과 까마귀
백조에게 아들을 빼앗긴 아버지
똥에 빠져 죽은 할아버지 할머니
예벤키 남자와 뱀
치나나이
아카라모와 이불 형제
슬기로운 청년
두 형제
모험을 찾아 떠난 청년
비켈리디운
료하
움나
우차나이
헤누키찬
불화의 언덕
예벤키 사람들이 순록을 키우게 된 이유
세 형제 무사
어린 무사
우냔니와 코렌도
옙카찬
무춘노이와 보르콜툰 형제
식토불
나라불
누르고불
누르가울
초로
소두 소르돈초 솔다니
킬리디나칸
중간세계의 우무스닌댠
차갈라이 차쿨라이
무사 볼론투르
하니 후분과 호호르 보그도
온기닐
우리얀과 몰리나
오란
디긴
어느 노부부의 오만방자한 아들
난쟁이 무사
캅탄디르
만기 도롬고
유라키 사람들
식인 출루그디
난드리와 털보

이쵸그디로
식인 청년과 결혼한 아가씨
샤먼, 들쥐 그리고 식인
구리불과 식인 형제
네멜론

유카기르인 이야기

외로운 청년
개의 수호신들
땅의 주인
북극여우와 곰
토끼의 꼬리가 없어진 이유
셈테네이 노인
토끼
여우 이야기
야생 북극암사슴
솥단지 비슷한 썰매를 타고 다니는 사람들
라마도
옛사람들의 소녀
도르부
아낙네
도부레
구슬 턱수염 노인
욕심 사나운 노인
스라소니가 토끼를 잡아먹는 이유
하바타
마체칸
욕심 사나운 아낙네
'늙은이'라는 별명의 할아버지 나무
미끼 사슴을 데리고 하는 사냥
키르체아나
토로하
숙부-아버지의 아이
방탕한 여자
불구자
테베게이
얼음 구멍 속의 아낙네
로시야, 로시야, 긴, 긴, 긴
부르는 주문

돌간인 이야기

들쥐과 농어의 전쟁
노인과 토끼들
청년 황제와 농부의 딸
여자와 곰
백조로 변한 샤먼들
대지의 주인 영혼
대머리 청년
외눈박이 아가씨
온통 털로 덮인 사람들
작은 천막의 불꽃
리이피르다안
고아 형제
세 형제
흰올빼미
꾀 많은 여우
새와 동물의 전쟁
리이비라
농부 노인과 노파
세 청년
라아이쿠
젤레즈나야 샵카와 코스탸노이 포야스
행복한 날, 불행한 날
노인과 노파
천상에서 온 약혼자
다른 세계의 사람
마마 귀신

셀쿠프인 이야기

이테
개와 털가죽
인간이 생기게 된 유래
이차와 귀신
이차
켄가의 용사
마녀와 두 딸
바보 이반과 곱사등이 말 코넥 고르부노크
두 자매
몸통 없는 머리
태양의 왕
일곱 아이 이야기
푸치카 추리카
불의 주인
티시야
켄게르셀랴
바다 곶 노인의 아들들
찬케르
세 자매
들쥐과 쥐
눈 소녀
이반 왕자
영리한 소년
개구리

시베리아 타타르인 이야기

황금 새
의붓딸
지주와 일꾼
세 마리 비둘기
돈보다 값진 지식
질랸
귀머거리, 장님, 앉은뱅이
아버지의 세 가지 충고
세 자매
요술 반지
재봉사, 곰, 장난꾸러기
처녀와 물의 요정
주흐라 별
영리한 청년
귀신과 그의 딸에 관한 이야기
이르티시와 술레이만
아흐메트와 칸
카미르 바티르
얄 마미시
카라밈 바티르

여우와 늑대
탄 바티르

토팔라르인 이야기

달에 얽힌 이야기
일곱 처녀
세 마리 사슴
달사람
세 명의 용사
월식이 일어나는 이유
인간이 만들어진 유래
곰의 콩팥이 여러 짐승에게서 온 이유
사슴과 사향고양이
곰과 다람쥐
곰이 벌을 받게 된 이유
귀신의 관목 숲
세 형제
물의 주인
부모 없는 청년과 귀신들
콘조크 가문이 나타나게 된 이야기
용감한 사냥꾼과 독수리
여우 바위
타이멘 강에 얽힌 전설
곰의 호수
닭과 꿩
땅벌이 벙어리가 된 이야기
주걱뼈
회색 뼈
두 형제
날개 달린 소년
황금 가슴을 지닌 아기들
영리한 처녀
사악한 마법사
젖소 코를 가진 청년
인간의 아들과 개구리 딸
불멸의 인간들
부르한에 관한 전설
돌 목걸이
테르 오키시(꽃의 골짜기)
사람과 뱀
메르겐과 두 마리 뱀
아이굴
낙타와 토끼
꿩과 모기와 사슴
닭과 들꿩의 눈이 빨간 이유
개미와 나리새
구원의 불
소년과 이무기
사냥꾼이 귀신을 벌준 이야기
돌이 된 샤먼

케트인 이야기

곰 이야기
예틀의 며느리
발나
실레케
여우
우세시
반그셀
올기트
알바와 호샤담
강 상류에서 온 카이구시
단두큰 이야기
타닌가
쿄글 할머니
울게트
뉴냥
샤신쿠시 이야기
이다트 노인의 딸
카시케트와 예로호트 할아버지 이야기
빌게트

예네츠인 이야기

세 샤먼
일곱 아가씨
타이멘
노인
노파의 아들
별의 신화
디아
바루치의 모험
시오시쿠
두 형제
솔데이 카하

느가나산인 이야기

천지창조 신화
아밤 느가나산인이 등장하게 된 이유
갈매기
느가나산인 '3사젠 손'과 그의 아들
곰과 노인
모레데와 머리 없는 사람들
죽음의 호수
곰의 아들
오옐로코와 세 명의 러시아 상인
오옐로코와 암늑대 샤먼
노고레사의 아들
두 명의 사냥꾼과 샤먼
라쿠나의 아들들
여자 식인괴물 시게 이야기
겁쟁이 순록
태양의 딸
왜 늑대들은 더 이상 허풍을 떨지 않을까
누구의 뿔이 더 클까

네네츠인 이야기

새 총각
왜 부엉이는 햇빛을 보지 못하는가?
여우, 새 그리고 까마귀
곰이 꼬리를 잃게 된 사연
하류치
아기 순록과 생쥐
세 아들

월귤나무 열매
모캐 남편과 부인 마리야 공주
러시아 노인의 세 아들
한 꼬마 이야기
힘센 독수리가 네네츠인들에게 해를 돌려준 이야기
야브 말의 모험
야브 말이 거인을 이긴 이야기

에스키모인 이야기

대구와 고래의 논쟁
명예를 갈망하는 까마귀
작은 주민들
까마귀와 늑대
멧새 세 마리
까마귀와 부엉이
까마귀와 청설모
까마귀와 갈매기
물고기, 여우, 까마귀
까마귀 코시클리
까마귀와 여우
새끼 황소와 새끼 여우
교활한 여우
거짓말쟁이 여우
새끼 황소와 늑대
가마우지
큰사슴 아카나
쥐
해를 얻다
작은 딱정벌레 나그네
까마귀와 처녀
사람, 게, 까마귀
두 형제와 까마귀
까마귀가 결혼한 이야기
에멤쿠트
꾀돌이 쿠킬린
사람과 독수리
사냥꾼과 독수리
독수리 집의 소년
사람들은 전에 어떻게 살았는가
카나크와 독수리들
사냥꾼과 백곰
사슴 사육자와 늑대 가족
새끼 늑대
늑대와 물새
노인과 야생 사슴
노파가 동물들을 속인 이야기
다섯 아들
암곰이 훔친 아이
현명한 사슴 두 마리
사슴으로 변한 여자
잔나비와 티나기르긴
키크미라시크
누나그미트의 고래
우카마난
신기한 소고
심술궂은 노인과 쥐
까마귀 은피나
물범 나라에 놀러 갔던 사람
오형제 중 막둥이
바다의 주인
아메크
아이마나나운
바다에서 길을 잃은 사람
날아다니는 샤먼들
막둥이
불의 주인과 소년
다섯 형제와 여자
카약식비크
버림받은 청년
이수클리크
아하하나브라크
고아
두 아내를 가진 사람
우키바크의 질투쟁이와 그 아내
두 번째 아내
사라진 형제들
투명 인간

아이누인 이야기

쥐
세 남자
가자미와 망둥이
눈 남자
치시포
처녀와 악마
산노이페 여자
세 자매
세 남자 1
두 남자
'예쁜 얼굴'이라는 이름의 처녀
곰 축제
다섯 명의 아이누인
부엉이의 결혼
바다사자
달 사람
젊은 까마귀
물범의 섬
흑담비 사냥에서
서로가 닮은 사람들
어느 마을에서
화가 나서 싸웠다
두 자루의 칼

닙흐인 이야기

돌집
은혜 갚은 호랑이
우뭄즈 닙흐
세 형제
식인에게 잡혀갔던 아가씨
저승에 갔다 온 남자
백조 소녀
바다신의 손녀와 결혼한 청년
일곱 자매
용감한 무사와 네 여인
대머리 소녀
악마를 이긴 청년
남매
용감한 아즈문

얼룩무늬 다람쥐
꿩 그리고 곰
바다표범과 넙치
갈매기는 어떻게 함께 살게 되었을까?
산신의 창
흰 바다표범
용감한 임히
산의 미녀
바다 신의 아내가 된 노부부의 딸
혼자 사는 남자
쿨긴
해표 약혼녀
못된 라도
니칸스크의 약혼녀
삼눈과 세 태양
무사 이야기
사냥꾼과 암곰
사람과 호랑이

축치인 이야기

아칸니카이
아내를 구하러 나선 수캐
흰 암곰
늑대 떼
카이마치캄
장난감으로 만들어진 사람들
요나브요치긴
공을 가지고 노는 여인
해협이 만들어지다
순록 사육인과 딸
큰어머니를 구한 아이
에이구스케이
온천에서 온 남자
목동 이이누비예
벌레를 기른 사람
바다 무지개
랍클랴볼과 고아 샤먼
샤먼
샤먼 킥바트
꿈속에서 샤먼이 되는 사람
할머니와 손자
곰 굴속에서 겨울잠을 잔 목동 티네시킨
이상한 노인
카차프
일곱 형제
쿤렐류
벨리비넬레비트
랍틸레발
반카치코르
키에긴과 아들들
오먀야크
초마락티기르긴
무사 켈리에프와 청년
고집 센 엄마
곰을 모르는 청년
순록 사육인이 되고 싶었던 갈색 곰
사냥꾼과 악마
신출귀몰한 청년
인색한 큰아버지
석상
악밥라르키
천상에 잡혀갔다 되돌아 온 아이
쿠이키네쿠

코랴크인 이야기

쿠이킨냐쿠
약혼자를 잃은 레라
아버지 대신 켈레에게 잡혀간 남매
영리한 빅사
카이니빌류
다섯 자매
오요
임카
여자 샤먼 킷나
정착 생활자와 순록 사육자
린니날필리나의 복수
이인탈라트
사냥꾼
무사 소홀릴란
탐욕스러운 까마귀
부자와 가난한 자
까마귀와 늑대
바다표범과 개

케레크인 이야기

쇠갈고리를 가진 사람
바다표범을 이긴 토끼
여우와 까마귀
여우의 장난
개 아가씨에게 청혼한 여우
까마귀 쿡키
쿡키와 아내 미티
태양을 두려워하는 쿡키
여우와 쿡키
쿡키와 늑대
소년과 활
디오니시야 산
옴릿바알

우데게이인 이야기

불의 여인
에운쿠
에그디가 사 형제
셀레메게
볼롱고
바다뱀
벨레
메에히
팔람 파두
케드르 강의 용사
슌 샤가니니
장달라푸

나나이인 이야기

나이소
피치 못할 징조

금목걸이
요술 쌈지
명궁수 가르팜지
뻐꾸기가 가져다준 재물
용사 세누에
아이오가
꽃처럼 아름다운 처녀 얄가하 푸딘
버드나무
소년 촉초
킬레 밤바와 용사 로체

오로크인 이야기

목추 케칙테
붉은 늑대들
겝헤투
흰 사슴이 탄 배와 검은 사슴이 탄 배
불에게 대접한 음식

알류토르인 이야기

교활한 쿠트킨냐쿠
쿠트킨냐쿠, 미티와 악령들
리티티니안가비트, 쿠트킨냐쿠의 딸
킬릴키트기나쿠, 쿠트킨냐쿠의 아들
탐욕스러운 곰
쿠트킨냐쿠와 시시신
여우와 썩은 생선
쥐, 여우, 마귀할멈
카라긴인의 소탕
킬리븐가비트와 그녀의 형제들
임카와 아들 피니난
사촌 형제들

오로치인 이야기

여우와 왜가리
여우
까마귀
일곱 영웅
미녀
느게티르카
너구리
영웅 돌로누카누
세르샤바야 플레시
뱀 악마
하다마하
두 미녀
일곱 늑대
용사 칸추나
아쿤 족
옛이야기
멧돼지의 아내
자연의 탄생
땅이 식었을 때
오래된 전설
철의 용사
우쟈카
스멜차크 아두리
보크톤고

이텔멘인 이야기

틸발 전설
틸발의 복수
틸발과 네말인
쿠트흐
쿠트흐가 여우를 놀래 주는 법
쿠트흐가 아내 미티를 일하게 하는 법
쿠트흐의 거짓 죽음
쿠트흐의 죽음
쿠트흐와 미티가 열매 따는 법
쿠트흐와 여우와 늑대
쿠트흐와 게
알처녀들
쿠트흐와 엠엠쿠트의 싸움
쿠트흐와 미티의 딸 냐아
쿠트흐 자식들과 늑대 가족
쿠트흐의 바느질
쿠트흐와 쥐
시나네브트와 곰
늑대와 시나네브트
엠엠쿠트, 치치킴치찬, 포르캄탈한
엠엠쿠트, 코트하남탈한과 식인종
엠엠쿠트, 마로클나브트와 거위들
카만흐나브트
엠엠쿠트, 아나락클나브트와 발렌 시나네브트
첼쿠트흐와 독버섯 아가씨들
시나네브트의 잘못
시나네브트와 아나락클나브트의 결혼식
엠엠쿠트의 결혼식
엠엠쿠트와 아내 엘탈넨
시실한과 엠엠쿠트의 아내 아야노믈흐차흐
메치흐치, 곰과 쿠트흐
이블리켈헨
이킴투와 이빌투
암캐와 케쿠켐탈한
쥐와 까마귀
기러기
안가카 시시케

네기달인 이야기

메헤길에서 유래한 아윰칸
축차길 성씨의 유래
우단칸 산
호랑이
세 개의 길
부유한 신부 칼마그다
하늘의 사람
개구리
쿠이에미
장대
교활한 사람과 힘센 사람

예벤인 이야기

울치인 이야기

부랴트인 이야기

총명한 냐냐
말과 사슴
곰
까치와 그 새끼들
교활한 고양이
두 마리 양과 여우
여자와 여우
늑대가 우는 까닭
처녀 혼히누르
벌 받은 탐욕
태양꽃
아르자 보르지칸과 선녀 우힌
용사 바이칼
처녀와 달
사자가 시베리아에서 사라진 이유
황금보석반지
명중한 화살
노인 호레도이
가난뱅이의 아들과 잔인한 칸
현명한 바드마와 어리석은 라마승
노인 타랴아샤의 아들 용사 구운 세에제
힐겐데이 메르겐
용사와 백조 아내
아가씨와 비로드처럼 검고 말을 할 줄 아는 말

만시인 이야기

엑바 피리스에 대한 첫 번째 이야기
엑바 피리스에 대한 두 번째 이야기
엑바 피리스
참새
토끼
땅의 기원에 대한 성스러운 이야기
세상의 창조
해와 달을 얻은 이야기, 땅 위에 새와 동물이 생겨난 이야기
달이 땅에 다녀간 이야기
다리 여섯 달린 사슴 사냥
북풍이야기
땅에 띠 두르기
사람이 창조된 이야기
처음 죽은 이들

한티인 이야기

알발리와 셉스 이키
람파스크 노인과 손자
활개 치는 팔을 가진 사내와 타파르 여자의 아들들
송 후슈 도시의 용사들
황금빛 머리칼의 황제
선조 용사 이야기
용사와 연락병
용사들의 전투
추가스 가족
파스테르족의 발생
라르 야흐족 이야기
성스런 봉들의 형성
성(姓)의 발생
아간강으로의 이주
아히스 야흐족과의 싸움
치펜 쿠
아버지에 대한 복수
이미 히티
이미 히티와 보싱 우르트
수고양이
쥐와 사슴
쥐
세 며느리
소년 이데
세계창조
도요새가 대지를 들어 올린 이야기
악마와 신
슌카이 이키간
태양의 딸과 달
달의 기원
태양과 달의 사람들

투바인 이야기

안치 카라
코두르 올과 비체 키스
자작나무 처녀
도장공과 석공
어부 오스큐스 올
진실을 볼 수 있는 삼형제
악 살 영감과 두주멧
세 가지 재주를 익힌 오스큐스 올
오를란 올과 체첸 키스
악 사기슈와 카라 사기슈
타이가 노래를 부른 오스큐스 올
고양이 선생
오스큐스 올과 딜기젝
아디간 영감
영리한 자와 부자
보랄다이
엄지소년
오스큐스 올과 황금 공주
단지에 든 죽
에르 사리크
헤베리크
황금 새
칸의 귀는 당나귀 귀
호벤 타지

하카스인 이야기

저승사자를 부려먹은 소년
통나무 안의 소년
부자와 사냥꾼
수흐 에지와 어부
머슴 토르시흐
새끼 검둥오리
마법의 책
육십 개의 터무니없는 이야기
마법사 차트한

뱁시인 이야기

칼미크인 이야기

알타이인 이야기

짐승 마아니의 아이들
오래된 옛날이야기

텔렌기트인 이야기

비야 강과 카툰 강
카투 야리크(무서운 장소)
알미스-암염소
알미스에게서 태어난 아기
아부움 포오옴(아버지 어머니)
낙타 이름으로 불리는 골짜기
푸른 황소
사냥꾼과 알미스
곰
소를 훔친 도둑과 호랑이

첼칸인 이야기

황금 도끼
고아
키셀레크와 파를라나크
탁 툭 지팡이
토끼와 담비
바보 청년
텔베엔이 하늘로 올라간 이야기
황금 등자
날다람쥐
콜로복
세 아들
황금 수탉
고아 청년과 다람쥐
고양이
할아버지와 부자
자작나무 그릇

쿠만딘인 이야기

사냥꾼의 전설 1
사냥꾼의 전설 2
사냥꾼의 전설 3
사냥꾼의 전설 4
오온 강과 쿠그 강
개와 고양이
킬리슈 칸
델베겐
툰구스
할아버지와 고양이
엄마와 딸
델베겐과 마시파라크
부자가 된 쿠지마
자신을 모르는 너구리
바보 이반
마시파라크
카라 몬기스
아이 코크 처녀
뱀과 노인
세 아들
세 형제

투발라르인 이야기

알틴 콜과 알틴 투우(황금 호수와 황금 산)
카라티 칸
노인과 노파
반카와 그리시카
세 형제
오스큐스 오올로크
아크 표스 쿠우르친
오스큐스 우울
꾀 많은 여우
농부 파시파라크

나가이바크인 이야기

고양이가 식사 후 몸을 닦게 된 사연
아즈라킬의 장난
어느 집시 여인의 예언

바시키르인 이야기

에렌세 세센 이야기
투라칸, 야네바칸 그리고 에렌세 세센
하탐타이

쇼르인 이야기

안치 아비시카와 카라 몰라트
지주와 사냥꾼
사랑이 깊은 쿠
마법 모자
탐욕스런 농부
학과 까마귀
젊은 사냥꾼과 표범
프카
철의 산 테미르 타우
차기스

코미인 이야기

야즈바 강 이야기
수지야 강 신화
이오마와 두 명의 아가씨
무사 페랴
다리가 여덟인 개
페라는 어디로 갔을까?
루피예 강에 사는 페라와 미쟈
페라와 자란
사냥꾼 예파를
가르친 여우

텔레우트인 이야기

알타이 쿠우추니 이야기
케르 사갈 가의 형제

셀쿠프인 이야기

작자 미상
옮긴이 이경희
펴낸이 박영률

초판 1쇄 펴낸날 2017년 2월 25일

지식을만드는지식
03991 서울시 마포구 월드컵북로 46 청원빌딩 3층
전화 (02) 7474 001, 팩스 (02) 736 5047
출판등록 2007년 8월 17일 제313-2007-000166호
전자우편 zmanz@eeel.net 홈페이지 www.zmanz.kr

ZMANZ
3F. Chungwon Bldg., 46, World Cup buk-ro,
Mapo-gu, Seoul 03991, Korea
phone 82 2 7474 001, fax 82 2 736 5047
e-mail zmanz@eeel.net homepage www.zmanz.kr

ISBN 979-11-304-7466-3
979-11-304-7467-0(큰글씨책)
979-11-304-7468-7(PDF전자책)
책값은 뒤표지에 있습니다.